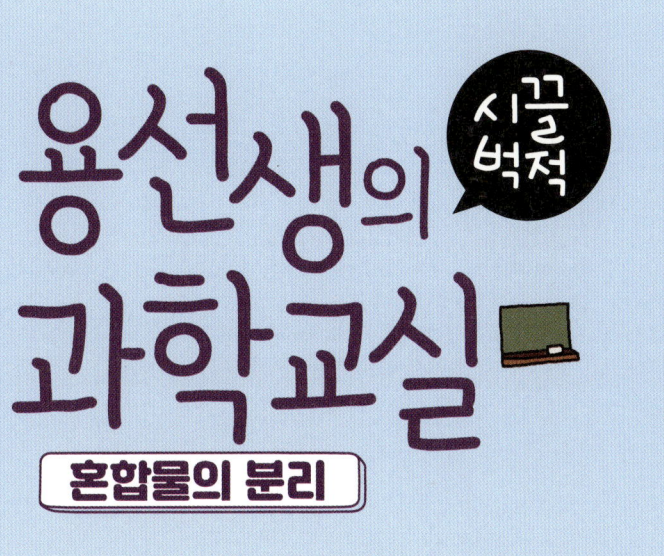

사회평론

글 윤용석
한국교원대학교 화학교육과를 졸업하고 같은 대학교 대학원에서 석사 학위를 받았습니다. 다수의 초·중등용 과학 콘텐츠를 기획, 개발했습니다. 개발한 콘텐츠로는 《중학교 과학 교과서》, 《눈높이과학》, 《과학 개념 사전》, 《와이즈만 과학사전》, 《창의탐구력 과학 1031》, 《메가 사고력 과학》, 《꿀잼 교과서(과학)》, 《교과서 실험 관찰》 외 다수의 초·중·고 관련 학습서가 있습니다.

구성 사회평론 과학교육연구소
대학에서 오랫동안 과학을 연구한 전문가들이 모여, 우리 아이들이 쉽고 재미있게 공부할 수 있는 책을 만들고 있습니다.

김형진 (사회평론 과학교육연구소 연구원)
연세대학교 천문대기과학과를 졸업하고 같은 대학교 대학원에서 석사, 박사 학위를 받았습니다. 과학자를 꿈꾸는 아이들에게 올바른 과학 개념과 과학적 태도를 함께 키울 수 있는 방법을 전달하기 위해 노력하고 있습니다. 현재 사회평론 과학교육연구소 연구원으로 과학책을 만들고 있습니다.

이명화 (사회평론 과학교육연구소 연구원)
서울대학교 물리교육과를 졸업하고 같은 대학교 대학원에서 석사, 박사 학위를 받았습니다. 10여 년간 중학교에서 과학을 가르쳤으며, 미국 아리조나 주립대에서 물리학으로 박사 학위를 받고 독일, 미국, 영국에서 연구원으로 근무하였습니다. 쉽고 재미있는 과학책을 쓰는 일에 관심을 갖고 있으며, 현재 사회평론 과학교육연구소 연구원으로 과학책을 만들고 있습니다.

설정민 (사회평론 과학교육연구소 연구원)
서울대학교 생물학과를 졸업하고 같은 대학교 대학원에서 석사 학위를 받은 뒤 박사 과정을 수료하였습니다. 아이에게 과학을 쉽고 재미있게 얘기해 주려 노력하다 보니 어린이를 위한 책을 만드는 일에도 관심을 가지게 되었습니다. 현재 사회평론 과학교육연구소 연구원으로 과학책을 만들고 있습니다.

그림 김인하
시각디자인을 전공하고 1999년 월간지에 만화를 연재하며 작품 활동을 시작하였습니다. 《건방진 우리말 달인》, 《똑똑한 어린이 대화법》 등에 그림을 그렸습니다. 이 책을 읽는 어린이들의 밝은 미래를 기원합니다.

그림 뭉선생
2004년 LG 동아 국제만화 공모전에 입상하며 작품 활동을 시작했습니다. 그린 책으로 《조지의 우주를 여는 비밀 열쇠》 시리즈, 《용선생 만화 한국사》 시리즈, 《용선생 처음 한국사》 시리즈, 《용선생 처음 세계사》 시리즈 등이 있습니다.

그림 윤효식
2002년 《소년 챔프》에 〈신검〉으로 데뷔하여 어린이에게 유익한 학습 만화를 그리고 있습니다. 그린 책으로 《마법천자문 사회원정대》 시리즈, 《용선생 만화 한국사》 시리즈, 《용선생 처음 한국사》 시리즈, 《용선생 처음 세계사》 시리즈 등이 있습니다.

감수 노석구
서울대학교 화학교육과를 졸업하였으며 같은 대학교 대학원에서 석사, 박사 학위를 받았습니다. 한국교육개발원 연구원을 거쳐 현재 경인교육대학교 과학교육과 교수로 재직 중입니다. 집필한 책으로 《초등과학 교수 학습 지도안 작성을 위한 수업컨설팅》, 《놀이를 활용한 신나는 교실 수업》 외 다양한 과학 교과서와 지도서 등이 있습니다.

캐릭터 이우일
홍익대학교에서 시각디자인을 공부한 만화가입니다. 그림책 작가인 아내 선현경, 딸 은서, 고양이 카프카와 함께 그림을 그리고 글을 쓰며 살고 있습니다. 지은 책으로 《우일우화》, 《옥수수빵파랑》, 《좋은 여행》, 《고양이 카프카의 고백》 등이 있고, 그린 책으로 《노빈손》 시리즈, 《용선생의 시끌벅적 한국사》 시리즈, 《교양으로 읽는 용선생 세계사》 시리즈 등이 있습니다.

용선생의 과학교실 시끌벅적

혼합물의 분리

글 윤용석 | 구성 사회평론 과학교육연구소 | 그림 김인하·뭉선생·윤효식 | 감수 노석구 | 캐릭터 이우일

화장실 냄새를 말끔히 없애려면?

사회평론

프롤로그

여러분, 안녕? 과학반을 맡은 용선생이야. 내 명성은 익히 들어 봤겠지? 역사반과 세계사반을 모두 훌륭하게 성공시키며 방과 후 교실 최고의 인기 교사가 된 그 용선생이란다. 교장 선생님께서 특별히 부탁하셔서 이번에는 과학반을 맡게 되었어. 어찌나 사정을 하시던지 도무지 거절할 수가 없었지 뭐야. 그래서 이 몸이 깜짝 놀랄 수업을 준비했단다.

우리의 수업은 언제나 질문과 함께 출발해. 세상을 둘러보다가 누군가 "저건 왜 그래요?" 하고 질문하면 바로 그 순간 수업이 시작되는 거지. 이제부터 용선생의 시끌벅적 과학교실을 제대로 즐기는 방법을 하나씩 알려 줄게.

첫째, 과학반 친구들과 함께 호기심을 갖고 질문해 봐. 과학을 어렵게만 생각하지 말고, 매 교시마다 아이들이 어떤 호기심을 가지는지 관심을 가져 봐. 과학반 친구들과 함께 '왜 그럴까?', '어떻게 알아낼 수 있을까?' 고민하다 보면 어렵던 과학도 쉽게 느껴질 거야.

둘째, 어려운 내용은 사진과 그림으로 이해해 봐. 어려운 과학 개념과 원리를 한 장의 사진이나 그림을 통해 단숨에 이해할 수도 있어. 그래서 너희를 위해 사진과 그림을 많이 준비했단다. 글을 읽다가 어렵다 싶으면 옆에 있는 사진과 그림을 봐. 잘 이해되지 않던 내용이 틀림없이 술술 이해될 거야.

셋째, 배운 내용을 되새기며 머릿속에 정리해 봐. 왁자지껄한 수업을 마치고 나면 뭘 배웠는지 정리가 안 될 때도 있을 거야. 그럴 때를 대비해 중간중간 핵심 정리를 준비했어. 또 배운 내용을 4컷 만화로 재미있게 요약해 두었지. 게다가 교시가 끝날 때마다 나선애의 정리노트도 마련했단다. 이 정도면 학습 정리는 문제없겠지?

과학은 분야도 다양하고 배울 내용도 아주 많아. 쉽게 이해할 수 있는 부분도 있지만, 여러 번 곰곰이 생각해 봐야 알 수 있는 부분도 있지. 이 책을 여러 번 다시 읽다 보면 구석구석 빠짐없이 모두 이해될 거야.

자, 이제 용선생의 시끌벅적 과학교실을 제대로 즐길 준비가 됐겠지? 그럼 신나는 수업을 시작해 볼까?

차례 | 혼합물의 분리

1교시 | 순물질과 혼합물

섞여 있을까, 섞여 있지 않을까?

섞여 있는 것과 섞여 있지 않은 것! ··· 13
혼합물을 찾아라 ··· 16
혼합물이 중요한 까닭은? ··· 21

나선애의 정리노트 ··· 26
과학퀴즈 달인을 찾아라! ··· 27
용선생의 과학 카페 ··· 28
 - 도시에도 광산이 있다고?

교과연계
초 4-1 혼합물의 분리 | 중 2 물질의 특성

3교시 | 밀도 차이 이용

바다에 흘러나온 기름을 어떻게 없앨까?

물에 뜰까, 가라앉을까? ··· 51
좋은 볍씨를 고르는 방법은? ··· 54
물과 기름을 분리하려면? ··· 57

나선애의 정리노트 ··· 62
과학퀴즈 달인을 찾아라! ··· 63

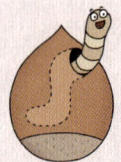

교과연계
초 4-1 혼합물의 분리 | 중 2 물질의 특성

2교시 | 자석, 크기 차이 이용

공기 청정기는 어떻게 먼지를 분리할까?

캔을 종류별로 분리하려면? ··· 33
섞여 있는 곡식은 이렇게 분리해 ··· 38
크기 차이를 이용해 봐! ··· 41

나선애의 정리노트 ··· 44
과학퀴즈 달인을 찾아라! ··· 45
용선생의 과학 카페 ··· 46
 - 크기 차이를 이렇게도 이용해!

교과연계
초 4-1 혼합물의 분리 | 중 2 물질의 특성

4교시 | 끓는점 차이 이용

바닷물에서 마실 물을 얻으려면?

소금물을 끓이면 어떻게 될까? … 66
소금물에서 물을 얻으려면? … 70
끓는점 차이를 이렇게 이용해! … 74

나선애의 정리노트 … 78
과학퀴즈 달인을 찾아라! … 79
용선생의 과학 카페 … 80
  - 공기는 어떻게 분리할까?

교과연계
초 4-1 혼합물의 분리 | 중 2 물질의 특성

6교시 | 크로마토그래피

오줌에 섞여 있는 물질은 어떻게 알아낼까?

검은색 잉크에 숨어 있는 색깔은? … 97
색소들의 달리기 … 100
크로마토그래피로 알아낼 수 있어 … 102

나선애의 정리노트 … 106
과학퀴즈 달인을 찾아라! … 107
용선생의 과학 카페 … 108
  - 크로마토그래피로 범인을 잡아라!

교과연계
초 4-1 혼합물의 분리 | 중 2 물질의 특성

5교시 | 용해도 차이 이용

깨끗한 소금을 얻는 방법은?

소금과 모래를 분리하라! … 84
물을 뿌리면 냄새가 사라지는 까닭은? … 87
콩에서 기름을 얻는 방법은? … 90

나선애의 정리노트 … 92
과학퀴즈 달인을 찾아라! … 93

교과연계
초 4-1 혼합물의 분리 | 중 2 물질의 특성

가로세로 퀴즈 … 110
교과서 속으로 … 112

찾아보기 … 114
퀴즈 정답 … 115

등장인물

용쓴다 용써!
용선생

- 체력 ★★★
- 지력 ★★★★★
- 감성 ★★★
- 호기심 ★★★★★
- 유머 ★★

열정이 가득한 과학 선생님. 하늘을 향해 거침없이 솟은 머리카락과 삐죽삐죽한 수염이 매력 포인트. 생생한 과학 수업을 하기 위해 물불을 가리지 않는다.

장하다 장해!
장하다

- 체력 ★★★★★
- 지력 ★
- 감성 ★★★★
- 호기심 ★★★★★
- 유머 ★★★★★

'튼튼하게만 자라 다오.'라는 아버지의 소원대로 튼튼하게 자랐다. 성격은 일등, 성적은 비밀이다. 시험을 못 봐도 씩씩하고, 엉뚱한 질문으로 수업에 활력을 준다.

오늘도 나선다!
나선애

- 체력 ★★★★
- 지력 ★★★★
- 감성 ★★★
- 호기심 ★★★★★
- 유머 ★★★

과학자를 꿈꾸는 우등생. 공부도 잘하고 아는 게 많아서 모든 일에 앞장서는 타입이다. 겉으로는 차가워 보이지만 내심 따뜻한 면도 가지고 있다. 전혀 티가 안 나서 그렇지.

잘난 척 대장
왕수재

- 체력 ★★★
- 지력 ★★★★
- 감성 ★
- 호기심 ★★★★★
- 유머 ★

세상에서 자기가 제일 잘난 줄 안다. '천재는 외로운 법이고 질투의 대상인 법'이라나. 친구들에게 깐족거리는 데에도 천재적이다. 그래도 수업에는 늘 적극적으로 참여한다.

낭만 가득
허영심

체력 ★★★★★
지력 ★★★
감성 ★★★★★
호기심 ★★★★★
유머 ★★

감성이 풍부해도 너무 풍부하다. 떨어지는 낙엽이나 밤하늘의 별을 보며 눈물짓고, 조그만 벌레와 대화를 나누는 사차원 성격. 하지만 누구보다 정이 많고 낭만적이다.

과학반 귀염둥이
곽두기

체력 ★★★
지력 ★★★★
감성 ★★★★
호기심 ★★★★★
유머 ★★★★

형과 누나들의 귀여움을 독차지하는 과학반 막내. 나이도 가장 어리고 타고난 동안이라 언뜻 보면 유치원생 같다. 훈장 할아버지 덕에 어려운 단어를 줄줄 꿰고 있다.

우리를 찾아봐!

사탕수수
열대 지방에서 자라는 풀로, 줄기에서 설탕을 얻을 수 있어.

자석
철을 끌어당기는 성질이 있는 도구야.

체
바닥에 구멍이 있는 도구로, 크기가 다른 알갱이들이 섞인 혼합물을 분리할 때 사용해.

오일펜스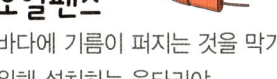
바다에 기름이 퍼지는 것을 막기 위해 설치하는 울타리야.

흡착포
기름을 빨아들이는 성질이 있는 천이야.

거름종이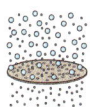
아주 작은 구멍이 있는 종이로, 기름이나 크로마토그래피로 혼합물을 분리할 때 사용해.

1교시 | 순물질과 혼합물

섞여 있을까, 섞여 있지 않을까?

시원한 탄산음료네. 정말 맛있겠다.

탄산음료는 설탕이 많이 들어 있어서 몸에 안 좋대.

"선생님! 오랜만에 캠핑을 오니까 너무 신나요."

"하하! 이제 텐트도 다 쳤고…… 점심으로 카레 어때?"

"좋아요! 여기 있는 감자, 당근, 양파, 돼지고기가 카레에 들어가는 재료예요?"

"응. 각 재료를 기름에 볶다가 물을 붓고 푹 익힌 다음, 카레 가루를 넣고 끓이기만 하면 돼."

"여러 가지 재료가 섞여서 맛있는 카레가 되네요!"

"당연하지. 라면이나 김치찌개에도 여러 가지 재료가 섞여 있잖아."

"맞아. 햄버거나 피자도 그래."

그러자 곽두기가 주위를 두리번거리며 말했다.

"여러 가지 재료가 섞여 있는 게 또 뭐가 있지?"

섞여 있는 것과 섞여 있지 않은 것!

"하하, 우리 주변에는 꼭 음식이 아니더라도 여러 가지 재료, 즉 물질이 섞여 있는 것이 많단다. 물론 아무것도 섞여 있지 않은 것도 있지."

"오호, 그래요?"

용선생은 고개를 끄덕이며 텐트 주위에서 이것저것 찾아 탁자 위에 올렸다.

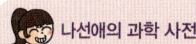
나선애의 과학 사전

물질 물건 물(物) 바탕 질(質). 물체를 만드는 재료를 말해. 책상을 만드는 나무, 풍선을 만드는 고무 등이 물질이야.

돌 | 설탕 | 알루미늄 포일 | 탄산음료
오렌지 주스 | 철사 | 단팥빵 | 스마트폰

"자, 선생님이 텐트 주위에서 찾아 온 것들을 보렴. 이 중에도 여러 가지 물질이 섞여 있는 것과 아무것도 섞여

나선애의 과학 사전

알루미늄 은백색을 띠는 금속으로, 가볍고 무른 성질이 있어.

암석 바위 암(巖) 돌 석(石). 땅을 이루는 단단한 물질을 말해. 바위나 돌이라고도 하지.

▲ 알갱이가 보이는 오렌지 주스

있지 않은 게 있는데, 구별할 수 있겠니?"

용선생의 말에 왕수재가 가장 먼저 손을 들고 말했다.

"일단 설탕이랑 철사를 보면 아무것도 섞여 있지 않은 것 같아요."

"알루미늄 포일도 아무것도 섞여 있지 않아 보여요."

"오, 잘 찾았는걸. 이번에는 돌을 살펴볼까? 참, 과학에서는 돌을 암석이라고 하니까 우리도 앞으로는 암석이라 부르자."

"네! 암석에는 여러 가지 작은 알갱이가 섞여 있어요."

"그렇지. 계속해서 다른 물질들도 얘기해 볼까?"

"단팥빵에도 빵과 팥이 섞여 있어요. 스마트폰도 복잡한 부품이 많으니까 여러 가지 물질이 섞여 있는 것이겠죠?"

"하하, 모두 맞아. 다들 잘 구별하는구나."

그때 곽두기가 머리를 긁적이며 말했다.

"그런데 오렌지 주스는 좀 헷갈려요. 언뜻 보면 아무것도 안 섞여 있는 것 같은데, 자세히 보면 작은 알갱이가 있는 것 같기도 해요."

"오렌지 주스에는 여러 가지 물질이 섞여 있는 게 맞아. 오렌지 주스를 한번 흔들어 봐."

"오, 주스를 흔드니까 알갱이가 잘 보여요."

"그렇지? 그런데 주스도 종류에 따라 알갱이가 전혀 보이지 않는 것도 있어. 이때에는 포장지를 살펴보면 주스에 어떤 물질이 섞여 있는지 확실히 알 수 있지. 탄산음료도 알갱이가 전혀 보이지 않지만 포장지를 보면 여러 가지 물질이 섞여 있다는 걸 알 수 있어."

나선애가 포장지를 살펴보며 말했다.

"아하, 오렌지 주스와 탄산음료에는 정말 여러 가지 물질이 섞여 있네요."

"좋아, 이제 탁자 위에 있는 것들을 여러 가지 물질이 섞여 있는 것과 아무것도 섞여 있지 않은 것으로 구별해서 놓아 보자."

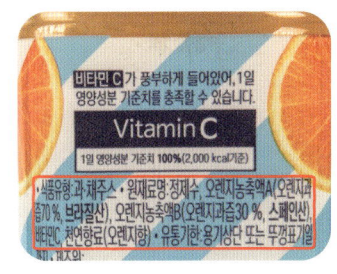

▲ 포장지를 살펴보면 어떤 물질이 섞여 있는지 확인할 수 있어.

여러 가지 물질이 섞여 있는 것

암석 　　탄산음료 　　오렌지 주스 　　단팥빵 　　스마트폰

아무것도 섞여 있지 않은 것

설탕 　　알루미늄 포일 　　철사

"어? 여러 가지 물질이 섞여 있는 게 더 많네요?"

"응. 실제로도 우리 주위에는 여러 가지 물질이 섞여 있는 것이 훨씬 더 많단다."

"그런데요, 선생님. 텐트 주위에서 찾은 것들을 왜 이렇게 구별한 거예요?"

"그건 순물질과 혼합물에 대해서 알아보기 위해서야."

"순물질과 혼합물이요? 그게 뭔데요?"

"먼저 순물질은 아무것도 섞여 있지 않고, 한 종류의 물질로만 이루어진 물질을 말해. 여기 있는 것 중에는 설탕, 철사, 알루미늄 포일이 순물질이지."

핵심정리

우리 주변의 물질은 여러 가지 물질이 섞여 있는 것과 아무것도 섞여 있지 않은 것으로 구별할 수 있어. 아무것도 섞여 있지 않고, 한 종류의 물질로만 이루어진 물질을 순물질이라고 해.

혼합물을 찾아라

"그럼 나머지는 혼합물인가요?"

"맞아. 혼합물은 말이지……."

그때 곽두기가 재빨리 끼어들며 말했다.

"혼합이 섞는다는 뜻이니까 여러 가지 물질이 섞여 있는 것이겠죠?"

"하하! 두기가 눈치챘구나. 그런데 혼합물은 중요한 특징이 하나 더 있단다."

"어떤 특징이요?"

"그건 물질들이 서로 섞여 있어도 각 물질의 성질이 변하지 않는다는 거야."

"그럼 서로 섞었을 때 성질이 변하는 경우도 있어요?"

"응. 예를 들어 알긴산 나트륨을 녹인 물과 젖산 칼슘을 녹인 물을 섞으면, 막이 생겨 손으로 잡을 수 있는 물방울이 돼. 이 물방울은 섞기 전과 성질이 전혀 다른 물질이지."

"우아! 진짜 신기하네요."

"이렇게 서로 섞었을 때 성질이 변하면 혼합물이 아니란다. 정리하자면, 혼합물은 두 가지 이상의 물질이 성질이 변하지 않은 채 서로 섞여 있는 것을 말해."

 곽두기의 낱말 사전

혼합 섞을 혼(混) 합할 합(合). 섞어서 합치는 걸 말해.

 나선애의 과학 사전

알긴산 나트륨 아이스크림, 마요네즈 등이 끈적이도록 만들기 위해 넣는 흰색 가루 물질이야.

젖산 칼슘 빵, 과자 등을 만들 때 사용하는 흰색 가루 물질이야.

▲ 손으로 잡을 수 있는 물방울

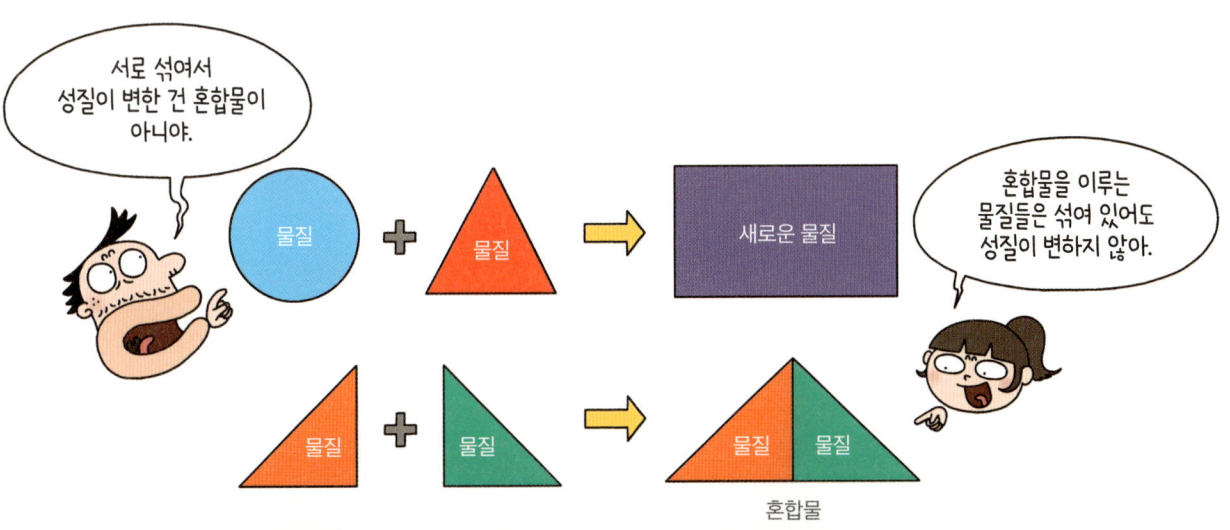

▲ 주변에서 볼 수 있는 여러 가지 혼합물 음식은 대부분 혼합물이야.

"그럼 비빔밥은 혼합물이에요? 섞는다고 하니까 비빔밥이 생각나서요."

"응. 비빔밥에는 밥, 채소, 고기, 고추장 등이 섞여 있지만 각각의 맛은 그대로 다 느낄 수 있지? 그러니까 비빔밥은 혼합물이야."

"그러면 혼합물은 엄청 많네요? 떡볶이, 라면, 김치찌개…… 제가 먹는 것들은 다 혼합물인가 봐요."

"하하, 그렇지! 우리가 먹는 음식은 대부분 혼합물이야. 그런데 우리 주변에서 흔히 볼 수 있는 것 중에 혼합물이라고는 상상도 못 한 것이 있어."

"뭔데요? 궁금해요."

용 선생은 생수병을 탁자 위에 탁 올려놓으며 말했다.

"바로 이거야. 생수."

"에이, 생수에는 아무것도 안 섞여 있잖아요. 혼합물일 리가 없어요."

"하하, 그럼 여기 포장지를 살펴볼까?"

그러자 곽두기가 생수를 들어 포장지를 확인했다.

"어라? 정말 여러 가지 물질이 섞여 있네요."

"생수는 땅속 깊은 곳에서 끌어 올린 물이야. 눈에 보이지는 않지만 생수에는 땅속에 있는 여러 가지 물질이 섞여 있어."

"그럼 수돗물은요? 수돗물도 혼합물이에요?"

왕수재가 안경을 고쳐 쓰며 물었다.

"응. 수돗물에는 물속 세균을 없애는 소독약을 비롯해 여러 가지 물질이 녹아 있지."

"우아, 생수와 수돗물이 혼합물이었다니…… 정말 상상도 못 했어요."

용선생은 씩 웃으며 아이스박스에서 미숫가루 물을 꺼내 생수 옆에 놓았다.

"어? 갑자기 웬 미숫가루 물이에요?"

"하하. 내 간식인데, 이걸로 혼합물에 대해 좀 더 자세히 알아보려고. 여기 있는 미숫가루 물과 생수는 둘 다 혼합물이야. 근데 자세히 보면 차이가 있단다. 한번 찾아봐."

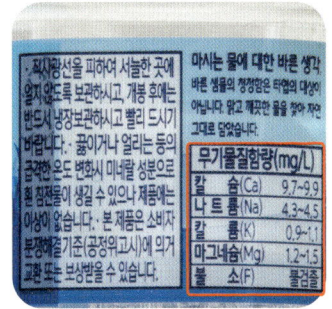

▲ 생수 포장지

나선애의 과학 사전

세균 가늘 세(細) 균 균(菌). 생물체 가운데 가장 작은 생물이야. 다른 생물체에 병을 일으키기도 하고 썩게도 하지.

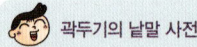
곽두기의 낱말 사전

균일 고를 균(均) 하나 일(一). 한결같이 고르다는 뜻이야.

불균일 아닐 불(不) 고를 균(均) 하나 일(一). 균일하지 않다는 뜻이야.

아이들은 가만히 미숫가루 물과 생수를 관찰했다.

"아! 미숫가루 물은 가만히 보면 바닥에 가라앉는 게 있고, 생수는 아무리 봐도 바닥에 가라앉는 게 없어요."

"맞아. 둘 다 혼합물이지만 차이가 있지? 사실 혼합물도 두 종류가 있단다. 바로 균일 혼합물과 불균일 혼합물이야."

"좀 더 자세히 설명해 주세요."

"먼저 균일 혼합물은 여러 가지 물질이 골고루 섞여 있는 혼합물이야. 그래서 균일 혼합물은 어느 부분을 비교해도 성질이 똑같아. 생수나 설탕물, 탄산음료 등이 균일 혼합물이야."

"불균일 혼합물은 그렇지 않고요?"

"응. 불균일 혼합물은 여러 가지 물질이 골고루 섞여 있

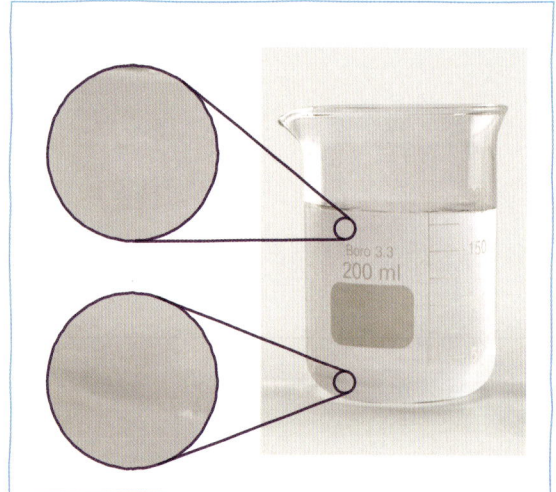
▲ **균일 혼합물** 어느 부분을 비교해도 똑같아.

▲ **불균일 혼합물** 선택한 부분에 따라 차이가 있어.

지 않은 혼합물이야. 미숫가루 물의 위쪽과 아래쪽이 다른 것처럼 말이야. 따라서 불균일 혼합물은 어느 부분을 선택하느냐에 따라 성질이 조금씩 달라. 미숫가루 물뿐 아니라 단팥빵, 암석 등도 불균일 혼합물이지."

핵심정리

두 가지 이상의 물질이 성질이 변하지 않은 채 서로 섞여 있는 것을 혼합물이라고 해. 혼합물은 균일 혼합물과 불균일 혼합물로 나눌 수 있어.

혼합물이 중요한 까닭은?

용선생은 잠시 숨을 돌리고 설명을 계속했다.

"물에 관련된 이야기를 좀 더 해 볼까? 앞에서 살펴본 것처럼 생수와 수돗물을 포함해 우리가 일상생활에서 사용하는 물은 거의 다 혼합물이야. 그런데 말이야, 과학 실험에 사용하는 물은 조금 다르단다."

"네? 뭐가 다른데요?"

"실험을 할 때에는 불순물을 모두 제거한 물을 사용해. 불순물이 실험 결과에 영향을 줄 수 있기 때문이야. 혼합물

 나선애의 과학 사전

불순물 아닐 불(不) 순수할 순(純) 물체 물(物). 혼합물에 섞여 있는 물질 중 우리가 원하는 물질을 제외한 나머지 물질들을 통틀어서 일컫는 말이야.

분리 나눌 분(分) 떨어질 리(離). 서로 나뉘어 떨어지는 것을 말해.

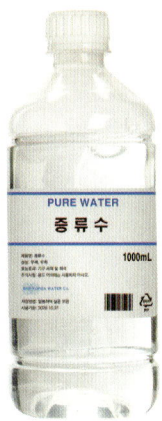

▲ 증류수

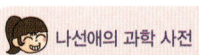

사탕수수 열대 지방에서 자라는 풀로, 줄기에 단 맛이 나는 물질이 많이 들어 있어.

인 물에서 불순물을 분리해 모두 제거한 물을 증류수라고 불러."

"그럼 증류수는 순물질인가요?"

"그렇단다."

아이들이 고개를 끄덕이자 용선생이 말했다.

"혼합물인 물에서 증류수를 얻는 것처럼, 다양한 혼합물에서 우리가 원하는 물질만 분리해서 얻을 수 있어."

"그래요? 예를 들면요?"

용선생은 주머니에서 사탕을 꺼내며 말했다.

"여기 있는 달콤한 사탕을 만들려면 꼭 필요한 물질이 있는데, 그게 뭘까?"

"달콤한 맛을 내려면 설탕이 있어야죠."

그러자 용선생이 씩 웃으며 말했다.

"맞아. 바로 그 설탕도 혼합물을 분리해서 얻는 물질이야. 사탕수수라는 식물에서 설탕을 분리할 수 있어."

"사탕수수에서 어떻게요?"

"사탕수수 줄기를 꽉 눌러 짜면 즙이 나와. 이 즙에서 불순물을 제거해 설탕을 얻는단다."

"그럼 사탕수수 즙이 혼합물이네요?"

"응. 혼합물인 사탕수수 즙에서 설탕을 분리하고, 이렇게 얻은 설탕으로 사탕을 만들지."

용선생의 말에 장하다가 눈을 동그랗게 뜨며 말했다.

"혼합물을 분리하는 게 정말 중요하군요."

"또 다른 예도 있어. 바로 철과 알루미늄이야. 원래 철이나 알루미늄은 자연에서 여러 물질과 함께 암석에 섞여 있어. 혼합물인 암석에서 철과 알루미늄을 분리해서 얻지."

▲ 혼합물을 분리하면 우리가 원하는 물질을 얻을 수 있어.

"아하, 그렇게 얻은 철과 알루미늄으로 철사와 알루미늄 포일 같은 걸 만드는 거죠?"

"맞았어! 수재 말대로 혼합물을 분리해 얻은 물질은 모양만 바꿔 그대로 이용할 수 있어. 철사와 알루미늄 포일처럼 말이야. 그리고 우리 생활에 필요한 것들을 만들기 위해 다른 물질과 섞어서 사용하기도 하지."

"다른 물질과 섞는다고요?"

"응. 앞에서 말한 사탕은 설탕과 물엿, 과일즙 같은 여러 가지 물질을 섞어서 만들어. 설탕을 어떤 물질과 섞는지에 따라 다양한 종류의 사탕을 만들 수 있지."

"아하, 아이스크림이나 과자를 만들 때에도 설탕과 여러 가지 물질을 섞는 거죠?"

용선생은 미소를 지으며 고개를 끄덕였다.

"그래. 또 자동차나 비행기 몸체는 철이나 알루미늄을 다양한 물질들과 섞어서 만들어. 주방 도구와 동전도 철이나 알루미늄에 여러 가지 물질을 섞어서 만든 거란다."

"다 주변에서 쉽게 볼 수 있는 것들이네요."

▼ 설탕을 다른 물질과 섞어 만든 다양한 간식들

자동차 몸체
철과 구리, 납 등을 섞어 만들어.

비행기 몸체
알루미늄, 구리, 마그네슘 등을 섞어 만들어.

주방 도구
철, 탄소 등을 섞어 만들어.

동전
알루미늄, 구리 등을 섞어 만들어.

▲ 혼합물을 분리해 얻은 물질을 다른 물질과 섞어 사용해.

"응. 그러니까 혼합물을 분리해 우리가 원하는 물질을 얻지 못한다면, 우리 생활에 필요한 많은 것들을 만들 수 없을 거야."

그때 장하다가 숟가락을 들어 올리며 말했다.

"선생님, 카레는 언제 먹어요? 다 식겠어요."

"아차, 깜빡했구나. 모두 카레 앞으로 전진!"

핵심정리

혼합물을 분리해 우리가 원하는 물질을 얻을 수 있어. 이렇게 얻은 물질을 그대로 이용하기도 하고, 다른 물질과 섞어 사용하기도 해.

 나선애의 **정리노트**

1. 순물질
① 아무것도 섞여 있지 않고, 한 종류의 물질로만 이루어진 물질
  [예] 설탕, 철사, 알루미늄 포일 등

2. 혼합물
① 두 가지 이상의 물질이 ⓐ [____] 이 변하지 않은 채 서로 섞여 있는 것
② ⓑ [____] 혼합물: 여러 가지 물질이 골고루 섞여 있는 혼합물
  [예] 생수, 설탕물, 탄산음료 등
③ ⓒ [____] 혼합물: 여러 가지 물질이 골고루 섞여 있지 않은 혼합물
  [예] 암석, 미숫가루 물, 단팥빵 등

3. 혼합물을 분리하면 좋은 점
① 혼합물을 분리하면 우리가 원하는 물질을 얻을 수 있음.
  [예] 사탕수수 즙에서 분리한 ⓓ [____]
② 혼합물을 분리해서 얻은 물질을 그대로 이용하거나 다른 물질과 섞어 우리 생활에 필요한 것들을 만들 수 있음.
  [예] 설탕 → 사탕, 아이스크림, 과자 등

ⓐ 성질 ⓑ 균일 ⓒ 불균일 ⓓ 설탕

과학퀴즈  달인을 찾아라!

●정답은 115쪽에

01

친구들이 이번 시간에 배운 내용에 대해 이야기하고 있어. 옳으면 O, 옳지 않으면 X를 표시해 줘.

① 탄산음료는 순물질이고, 오렌지 주스는 혼합물이야. (　　)

② 두 가지 이상의 물질이 섞여 성질이 변한 것을 혼합물이라고 해. (　　)

③ 동전은 여러 가지 물질을 섞어서 만들어. (　　)

02

왕수재가 과학실을 정리하기 위해 순물질, 균일 혼합물, 불균일 혼합물을 구별하려고 해. 왕수재를 도와 각 물질에 해당하는 낱말을 선으로 연결해 줘.

| 용선생의 과학 카페 | 용선생의 한국사 카페 | 용선생의 세계사 카페 |

 https://cafe.naver.com/yongyong

용선생의 과학 카페

과학계의 핵인싸,
용선생의 과학 카페에
오신 걸 환영합니다.

[Log in]

오늘은 어떤 재미난 지식을 올려 볼까?

MENU

물리면 아프다
화학이 화하하
생물 오징어
지구는 둥글다

도시에도 광산이 있다고?

 자연에서 금속을 캐는 곳을 광산이라고 해. 광산은 보통 도시에서 멀리 떨어져 있지. 그런데 도시에서도 금속을 캘 수 있다는 거 아니?

 정말요? 도시에도 광산이 있어요?

 하하, 사실 광산에서처럼 망치나 곡괭이로 금속을 캐는 건 아니야. 버려진 가전제품에서 여러 가지 금속을 얻는 거란다. 이 과정을 통틀어 도시 광산이라고 불러.

 오호, 그렇군요. 가전제품에 어떤 금속이 들어 있는데요?

 구리와 철뿐 아니라 금과 은 같은 귀금속도 들어 있어. 버려진 가전제품에서 이런 금속들을 분리해 모을 수 있지.

▼ 가전제품에는 다양한 금속이 들어 있어.

아! 혼합물을 분리하는 거군요.

 그렇지! 도시 광산에서 얻은 금속은 다시 가전제품을 만드는 데 쓰여.

- 장하다의 오답을 피하는 방법
- 나선애의 야무진 실험실
- 왕수재의 아는 척 과학교실
- 허영심의 별 헤는 밤
- 곽두기의 빅뱅 따라잡기

가전제품

도시 광산

금　　　　은　　　　구리

▲ 도시 광산에서 다양한 금속을 분리해 사용해.

 버려진 가전제품에서 얻은 금속으로 다시 가전제품을 만드는 거니까, 금속을 재활용하는 거네요.

 응. 특히 우리나라는 자연에서 캘 수 있는 금속의 양이 아주 적어. 반면에 버려지는 가전제품은 많은 편이지. 그러니까 도시에서 금속을 캐서 재활용하는 일은 아주 중요하단다.

COMMENTS

 나도 가전제품에서 금을 캐서 부자가 될 거야!

└ 그러려면 가전제품을 얼마나 많이 찾아봐야 하지?

└ 재활용품 쓰레기장을 전부 뒤지면 되지 않을까?

└ 어휴, 착실히 저금하는 게 더 빠르겠다.

2교시 | 자석, 크기 차이 이용

공기 청정기는 어떻게 먼지를 분리할까?

못 보던 공기 청정기네.

실내 공기에 먼지가 많아서 가져다 놓았나 봐.

"선생님! 이렇게 쓰레기통에 버린 캔은 앞으로 어떻게 돼요?"

나선애가 음료수 캔을 재활용품 쓰레기통에 넣으며 용선생에게 물었다.

"다시 재활용되지."

"설마 씻어서 바로 사용하는 건 아닐 테고…… 어떻게 재활용하는데요?"

용선생이 허리를 일으켜 세우며 말했다.

"우선 알루미늄 캔과 철 캔으로 분리해. 그런 다음 각각 녹여서 새로운 캔을 만드는 재료로 사용한단다."

"캔도 종류가 나뉘는군요. 그런데 캔은 다 비슷하게 생겼잖아요. 어떻게 종류별로 분리해요?"

"하하, 선애의 호기심은 끝이 없구나. 쉬운 방법이 있는데, 그건 과학실에 가서 알아보자!"

캔을 종류별로 분리하려면?

아이들이 모두 과학실에 모이자 용선생이 탁자 위에 다양한 캔을 올려놓으며 말했다.

"자, 여기 있는 캔을 철 캔과 알루미늄 캔으로 분리하려고 해. 어떤 것이 철 캔이고 어떤 것이 알루미늄 캔인지 알겠니?"

"음…… 글쎄요. 모두 비슷해 보여서 잘 모르겠어요."

"그렇다면 캔의 옆 부분을 잘 살펴보렴. 무슨 표시가 있을 거야."

아이들은 재빨리 캔을 들고 살펴보았다.

"아! 어떤 캔에는 철이라고 쓰여 있고, 어떤 캔에는 알미늄이라고 쓰여 있어요. 이걸 보고 아는 거죠?"

"맞아. 그 표시를 보고 철 캔인지 알루미늄 캔인지 알 수 있어."

 용선생의 과학 현미경
알미늄은 알루미늄과 같은 말이야.

▲ **분리배출 표시** 철이라 쓰여 있는 캔은 철로 만들어졌고, 알미늄이라 쓰여 있는 캔은 알루미늄으로 만들어졌어.

"에이, 그럼 캔에 있는 표시만 확인하면 되네요. 너무 쉬운데요?"

"물론 그렇지."

용선생은 껄껄 웃으며 사진을 한 장 보여 주었다.

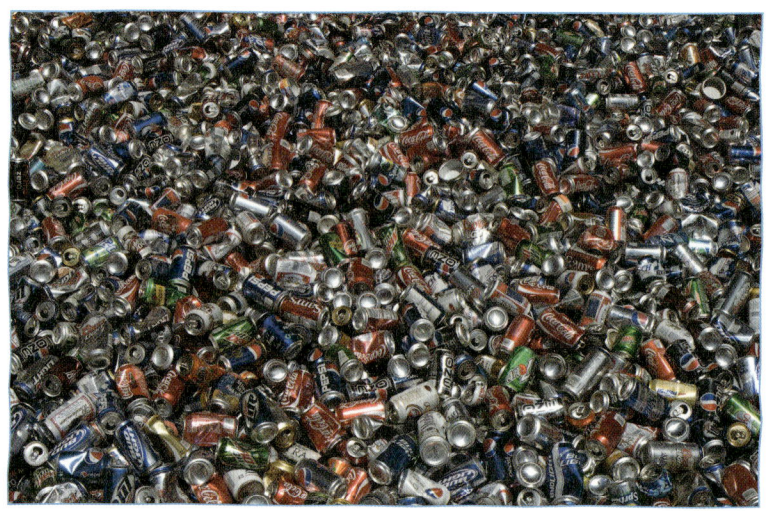

"그런데 캔이 이렇게 많아도 쉽게 분리할 수 있을까?"

"헉! 이건 너무 많아요. 캔에 있는 표시를 일일이 확인해서 분리하려면 시간이 너무 오래 걸릴 것 같아요."

"하하! 그렇겠지? 하지만 쉽고 빠르게 분리할 수 있는 방법이 있지. 어떤 방법인지 궁금하니?"

"네! 너무 궁금해요. 빨리 알아봐요."

용선생은 서랍에서 자석을 꺼내며 말했다.

"바로 이 자석을 이용하면 된단다. 자석을 캔에 가져다

대면 어떤 일이 일어나는지 직접 확인해 보렴."

용선생은 아이들에게 자석을 나눠 주었다.

"우아, 캔이 자석에 붙어요!"

그때 나선애가 손을 번쩍 들고 말했다.

"잠깐만요! 캔 중에서 자석에 붙는 것도 있고, 자석에 붙지 않는 것도 있어요."

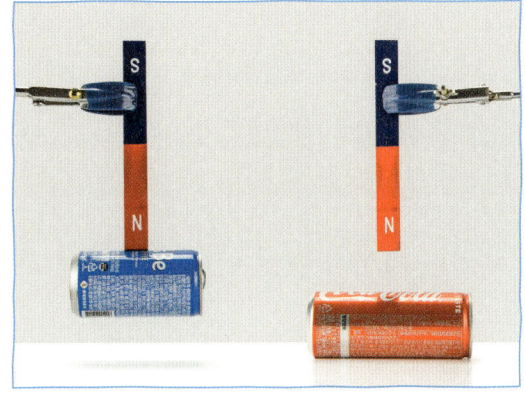

"바로 그거야! 철은 자석에 붙고, 알루미늄은 자석에 붙지 않아. 그래서 자석에 붙은 캔은 철 캔이라는 걸 알 수 있지."

"아하! 자석만 있으면 표시를 일일이 확인하지 않아도, 철 캔과 알루미늄 캔을 쉽게 분리할 수 있겠네요."

"그렇지. 이처럼 혼합물에 철로 된 물질이 섞여 있을 때에는 자석을 사용해 철로 된 물질을 쉽게 분리할 수 있어."

그때 곽두기가 고개를 갸웃하며 물었다.

"그런데 조금 전에 본 사진처럼 캔이 엄청나게 많으면 자석을 사용해도 시간이 오래 걸릴 것 같아요."

"예리한걸? 그래서 실제로 캔을 분리할 때에는 자석을 이용한 자동 분리기를 사용한단다. 자동 분리기에 캔을 넣으면 자동으로 분리해 주니, 캔이 아주 많아도 쉽고 빠르게 분리할 수 있지."

"정말 편리하겠어요!"

"맞아. 이렇게 편리한 자석은 우리 생활 곳곳에서 많이 쓰이고 있어. 예를 들어 고추를 빻아 고춧가루를 만드는 기계에도 자석이 달려 있지."

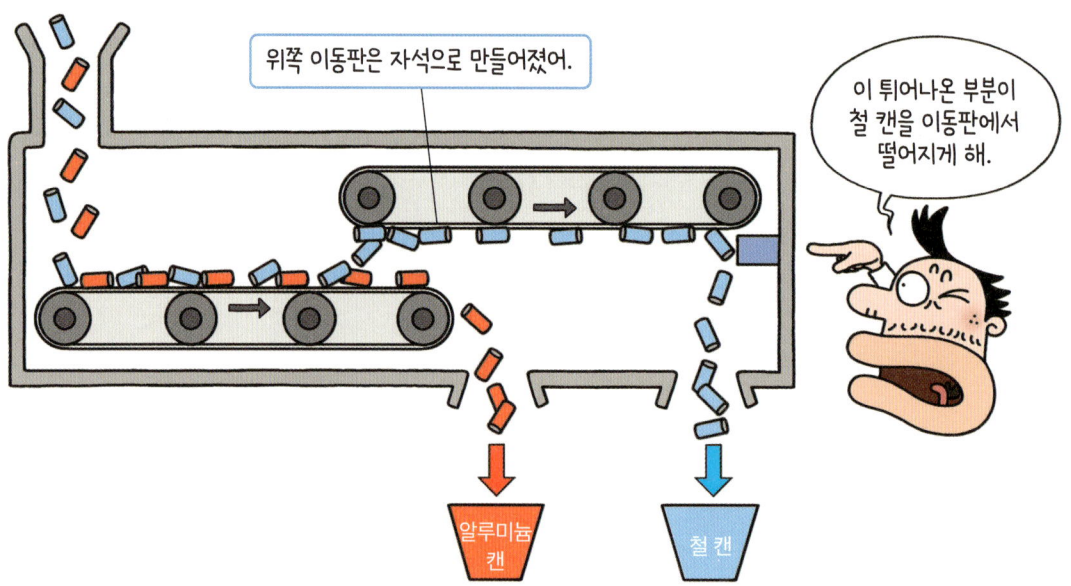

▲ **자동 분리기의 원리** 자동 분리기에 들어간 캔은 아래쪽 이동판에 실려 이동해. 자석에 붙지 않는 알루미늄 캔은 아래쪽 이동판 끝에서 수거함으로 떨어지고, 자석에 붙는 철 캔은 자석으로 된 위쪽 이동판에 붙어 조금 더 이동한 다음 다른 수거함으로 떨어져.

"고춧가루를 만드는 데 웬 자석이죠? 고추에는 철이 섞여 있지 않잖아요."

"고춧가루를 만드는 기계에서 아주 작은 철 가루가 떨어져 나와 섞이기도 하거든. 그래서 고춧가루가 나오는 부분에 자석을 달아 두면……."

그러자 왕수재가 얼른 말했다.

"고춧가루에 섞여 있던 철 가루가 자석에 붙어서 분리되겠네요."

"하하, 맞아."

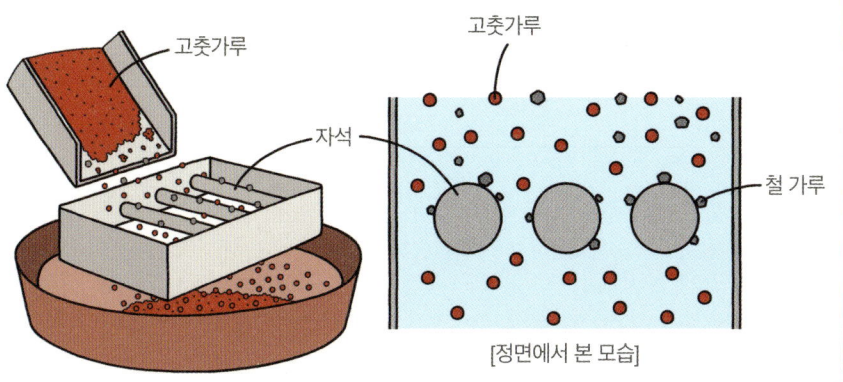

▲ 철 가루가 분리되는 모습

 핵심정리

혼합물에 철로 된 물질이 섞여 있을 때에는 철이 자석에 붙는 성질을 이용해 철로 된 물질을 분리할 수 있어.

 ## 섞여 있는 곡식은 이렇게 분리해

그때 곽두기가 조용히 손을 들고 말했다.

"선생님, 저도 분리하고 싶은 게 있어요."

"뭔데? 말해 봐."

"저희 집은 엄마가 잡곡밥을 하신다고 쌀통에 콩, 쌀, 좁쌀을 섞어 두시거든요. 저는 쌀밥이 먹고 싶은데, 잡곡에서 쌀만 분리할 수 있을까요?"

"하하. 있지, 왜 없어! 편식은 좋지 않지만 오늘은 과학 공부를 위해 특별히 알려 주지."

용선생은 웃으며 서랍에서 콩, 쌀, 좁쌀을 꺼내 왔다.

"철과 알루미늄의 차이점을 이용해 캔을 분리한 것처럼 이 곡식들의 차이점을 알아내면 분리하는 방법도 찾을 수 있어."

▲ 콩, 쌀, 좁쌀의 혼합물

▲ 콩

▲ 쌀

▲ 좁쌀

"음…… 일단 곡식들은 모두 자석에 붙지 않으니 자석을 사용할 수는 없겠어요."

장하다가 머리를 긁적이며 말했다.

"색깔이 다르니 눈으로 구별할 수 있어요. 그런데 손으로 하나씩 분리하려면 시간이 너무 오래 걸릴 것 같아요."

"맞아. 그런데 잘 보면 색깔 말고 또 다른 차이점을 발견할 수 있는데, 뭔지 알겠니?"

"아, 곡식들은 알갱이 크기가 서로 달라요! 혹시 크기가 다른 점을 이용하는 건가요?"

"그렇단다!"

▲ 체

용선생은 선반에서 체를 찾아와 아이들에게 보여 주었다.

"여기 체를 보렴. 체의 바닥은 작은 구멍으로 이루어져 있는데, 이 구멍을 눈이라고 불러. 체에 콩, 쌀, 좁쌀이 섞인 혼합물을 넣고 흔들면 체의 눈보다 작은 곡식은 아래로 빠져나가고, 큰 곡식은 위에 남는단다. 직접 사용해 봐."

콩, 쌀, 좁쌀이 섞여 있는 혼합물

체의 눈이 좁쌀보다 크고
쌀, 콩보다 작은 체를 사용

체의 눈이 쌀보다 크고
콩보다 작은 체를 사용

아이들은 섞여 있는 곡식을 체에 넣고 흔들었다.

"우아, 이것 보세요. 체에 넣고 흔들기만 했는데 좁쌀이 분리되었어요."

"그런데 체 위에는 여전히 콩과 쌀이 섞여 있어요. 콩과 쌀은 어떻게 분리해요?"

"하하! 체를 한 종류만 쓰라는 법은 없지. 체는 종류에 따라 눈의 크기가 다양해. 그러니까……."

"아하! 그럼 눈이 쌀보다는 크고 콩보다는 작은 체를 사용하면 쌀과 콩도 분리할 수 있겠네요."

"그렇지! 체를 사용하면 알갱이의 크기 차이를 이용해 혼합물을 쉽게 분리할 수 있단다."

 핵심정리

크기가 다른 알갱이들이 섞인 혼합물은 체를 사용하여 쉽게 분리할 수 있어.

크기 차이를 이용해 봐!

용선생은 가방에서 마스크를 꺼내며 말했다.

"공기 중에 먼지가 많은 날 마스크를 쓰지? 마스크도 혼합물을 분리하는 도구야. 체와 마찬가지로 알갱이의 크기 차이를 이용하지."

"마스크가 먼지를 막아 준다는 건 아는데…… 그게 알갱이의 크기 차이를 이용하는 거였어요?"

"응. 공기는 질소와 산소 같은 여러 가지 기체로 이루어져 있는데, 먼지는 공기를 이루고 있는 기체에 비해 크기가 훨씬 커. 그래서 크기 차이를 이용해 분리할 수 있지."

"좀 더 자세히 설명해 주세요."

"마스크를 현미경으로 보면 가느다란 실이 마구 엉켜 있는 모습을 볼 수 있어. 엉킨 실 사이의 틈이 체의 눈과 같은 역할을 하지."

"오, 정말 엉킨 실 사이에 틈이 있어요."

"이 틈의 크기는 공기를 이루는 기체보다는 크고 먼지보다는 작아. 그래서 공기는 마스크를 지나가고 먼지는 마스크를 지나가지 못하지."

"마스크에 이런 원리가 숨어 있다니……."

나선애의 과학 사전

질소 공기 중에 가장 많은 기체야. 식품을 포장할 때 많이 사용해.

산소 공기 중에 두 번째로 많은 기체야. 우리가 숨을 쉴 때 필요해.

▲ **현미경으로 본 마스크** 500배 확대한 사진이야.

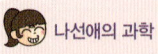

나선애의 과학 사전

필터 액체나 기체 속에 섞여 있는 물질을 크기 차이 등을 이용해 걸러 주는 장치야.

"하하, 공기 청정기가 집안의 먼지를 없애는 것도 같은 원리란다."

"그럼 공기 청정기에도 체 같은 게 들어 있어요?"

"응. 공기 청정기 안에는 필터가 들어 있는데, 이게 체 역할을 해. 필터가 공기에 섞인 먼지를 분리해 준단다."

"마스크랑 공기 청정기 모두 공기와 먼지의 크기 차이를 이용하는군요."

용선생은 고개를 끄덕이며 말했다.

"크기 차이를 이용하는 또 다른 예는 해수욕장의 모래 해변에서 볼 수 있어. 모래 해변에는 사람들이 버리고 간 쓰레기가 섞여 있는 경우가 많은데……."

그러자 왕수재가 얼굴을 찌푸리며 말했다.

"어휴, 나쁜 사람들. 쓰레기는 당연히 치워야죠. 근데 아주 넓은 모래 해변에 섞여 있는 쓰레기를 다 치우려면 엄청 힘들겠어요."

곽두기의 낱말 사전

수거 거둘 수(收) 갈 거(去). 모아서 가져가는 것을 말해.

"걱정 마. 요즘에는 해변 쓰레기 수거 장비를 사용해서 쓰레기를 쉽게 치울 수 있거든. 대부분의 쓰레기는 모래보다

▼ 해변 쓰레기 수거 장비

크기가 크다는 점을 이용하지. 해변 쓰레기 수거 장비에도 체가 달려 있는데, 눈의 크기가 모래보다는 크고 쓰레기보다는 작아. 여기에 쓰레기가 섞여 있는 모래를 부으면 어떻게 될까?"

"쓰레기는 위에 남고 모래만 빠져나가요!"

"맞아. 다들 오늘 배운 내용을 잘 이해했구나. 이렇게 체를 빠져나간 모래는 다시 해변으로 보내고, 체 위에 남은 쓰레기는 따로 모아서 버린단다."

"알갱이의 크기 차이를 사용하면 모래 해변도 깨끗하게 만들 수 있네요!"

"응. 이처럼 우리 생활 곳곳에서 크기 차이를 이용해 혼합물을 분리하고 있어."

"선생님! 이번 여름 방학에는 해수욕장에 함께 가요! 놀러 가자는 게 아니고 모래 해변에서 쓰레기를 분리하는 걸 직접 보고 싶어서 그래요. 헤헤."

"좋은 생각이다. 그럼 지금부터 여행 계획, 아니 탐구 계획을 세워 볼까?"

"네, 좋아요!"

 **핵심정리**

마스크, 공기 청정기, 해변 쓰레기 수거 장비는 크기 차이를 이용해서 혼합물을 분리해.

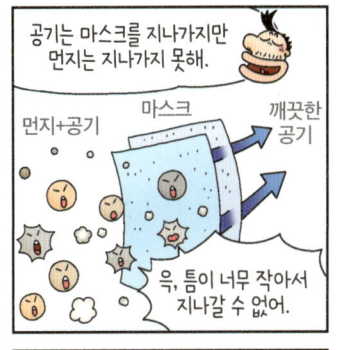
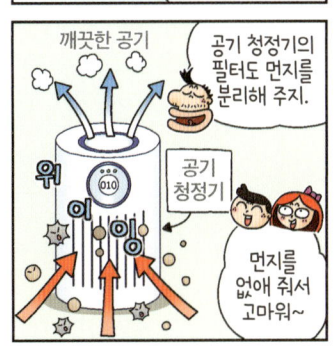

나선애의 정리노트

1. 자석을 이용한 분리

① 혼합물에 철로 된 물질이 섞여 있을 때 ⓐ [ ] 을 사용하면 철로 된 물질을 분리할 수 있음.

- ⓑ [ ] 이 자석에 붙는 성질을 이용

  [예] 철 캔과 알루미늄 캔 분리, 고춧가루에 섞여 있는 철 가루 분리

2. 알갱이의 크기 차이를 이용한 분리

① ⓒ [ ] 를 사용하면 크기가 다른 알갱이들이 섞인 혼합물을 쉽게 분리할 수 있음.

- 혼합물을 체에 넣고 흔들면 체의 ⓓ [ ] 보다 작은 것은 아래로 빠져나가고, 큰 것은 위에 남음.

콩, 쌀, 좁쌀이 섞여 있는 혼합물 → 체의 눈이 좁쌀보다 크고 쌀, 콩보다 작은 체를 사용 → 체의 눈이 쌀보다 크고 콩보다 작은 체를 사용

② 마스크와 공기 청정기: 공기 중의 먼지를 분리함.

③ 해변 쓰레기 수거 장비: 모래 해변에서 쓰레기를 분리함.

ⓐ 자석 ⓑ 철 ⓒ 체 ⓓ 눈

과학퀴즈 달인을 찾아라!

●정답은 115쪽에

01

친구들이 이번 시간에 배운 내용에 대해 이야기하고 있어. 옳으면 O, 옳지 않으면 X를 표시해 줘.

① 콩과 좁쌀이 섞인 혼합물을 분리하려면 눈의 크기가 콩보다 큰 체를 사용해야 해. (   )

② 고춧가루에 섞여 있는 철 가루는 자석을 이용해서 분리할 수 있어. (   )

③ 공기 청정기 안의 필터는 체와 같은 역할을 해. (   )

02

철 구슬, 콩, 돌멩이가 장애물 달리기를 하고 있어. 장애물은 자석과 체야. 누가 결승선에 도달할 수 있을지 맞혀 봐.
(단, 체의 눈은 철 구슬과 콩보다는 크고 돌멩이보다는 작아.)

답 [   ]

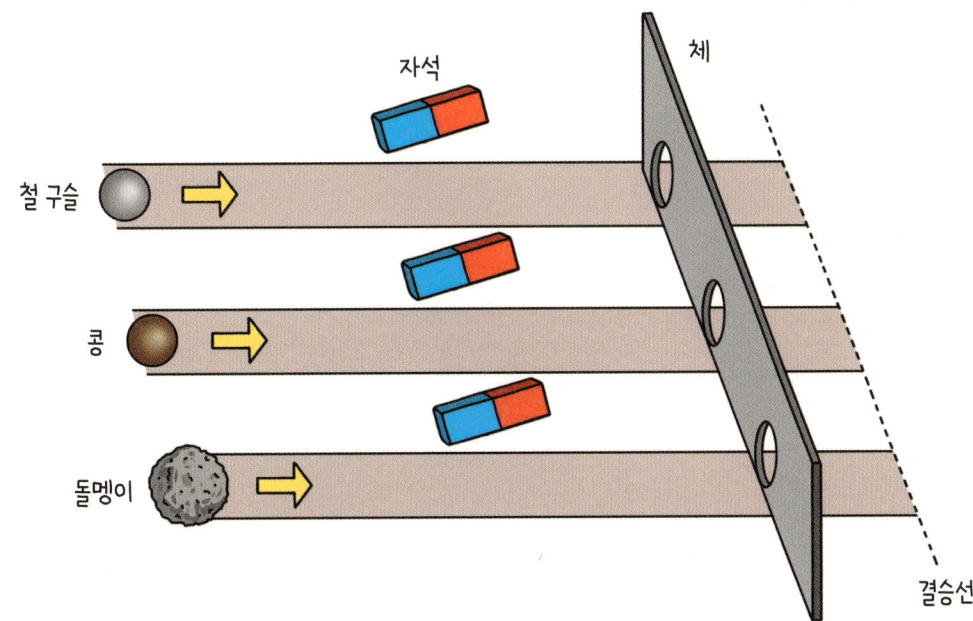

 용선생의 과학 카페 | 용선생의 한국사 카페 | 용선생의 세계사 카페

https://cafe.naver.com/yongyong

용선생의 과학 카페

과학계의 핵인싸, 용선생의 과학 카페에 오신 걸 환영합니다.

[Log in]

MENU

물리면 아프다
화학이 화하하
생물 오징어
지구는 둥글다

크기 차이를 이렇게도 이용해!

우리 생활 곳곳에서 크기 차이를 이용해 혼합물을 분리하고 있다고 했지? 앞에서 살펴본 것 외에 또 어떤 예가 있는지 알아보자!

배수구 거름망

싱크대에서 물이 빠져나가는 구멍인 배수구에 음식물 찌꺼기가 들어가면 구멍이 막힐 수 있어. 그래서 체처럼 생긴 거름망을 사용해 음식물 찌꺼기가 배수구로 들어가지 못하게 막아.

▲ 배수구 거름망

정수기

수돗물을 깨끗하게 걸러 주는 정수기 안에는 필터가 있어. 수돗물이 필터를 통과할 때 불순물은 필터에 걸러져. 그래서 정수기를 사용하면 불순물이 제거된 깨끗한 물을 마실 수 있어!

▲ 정수기 필터

에어컨

에어컨은 실내 공기를 빨아들여 차갑게 만든 뒤 다시 실내로 보내. 이때 필터로 공기에 섞여 있는 먼지를 제거해 깨끗한 공기만 빨아들이지.

▲ 에어컨 필터

진공청소기

진공청소기 안에도 필터가 들어 있어. 진공청소기로 공기와 먼지를 한꺼번에 빨아들이면 공기는 필터를 빠져나가고, 알갱이 크기가 큰 먼지는 필터를 빠져나가지 못해 먼지만 분리돼.

▲ 진공청소기 필터

- 장하다의 오답을 피하는 방법
- 나선애의 야무진 실험실
- 왕수재의 아는 척 과학교실
- 허영심의 별 헤는 밤
- 곽두기의 빅뱅 따라잡기

COMMENTS

- 앗, 방귀 냄새! 누구야?
- ㄴ 미안, 나야. 헤헤.
- ㄴ 윽, 방귀를 거르는 필터가 필요해!
- ㄴ 한 개로는 안 될 듯.

3교시 | 밀도 차이 이용

바다에 흘러나온 기름을 어떻게 없앨까?

배에서 흘러나온 기름 때문에 해변이 새까매.

큰일이네. 기름을 없애야 할 텐데······.

"얘들아, 내가 뭘 가지고 왔게?"

"뭐 맛있는 거라도 가져왔어?"

그러자 왕수재가 뿌듯한 표정으로 말했다.

"응. 어제 아빠, 엄마랑 밤 줍기 체험에 가서 밤을 아주 많이 주웠거든. 함께 나눠 먹으려고 삶아 왔어."

"우아, 맛있겠다. 잘 먹을게!"

장하다는 왕수재에게 받은 밤을 곧장 쪼갰다.

"앗, 밤이 썩었나 봐. 속이 새까매."

"내 밤은 벌레 먹은 거 같아."

그러자 왕수재가 머리를 긁적이며 말했다.

"정말이네. 겉으로 보기엔 다 똑같아서 몰랐어."

"밤을 쪼개기 전에 썩거나 벌레가 먹었는지 미리 알 수 있다면 좋을 텐데…… 방법이 없을까?"

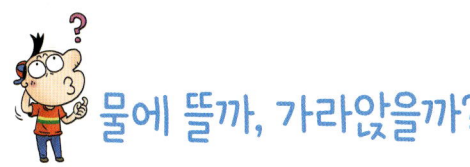
물에 뜰까, 가라앉을까?

그때 용선생이 과학실로 들어오며 말했다.

"밀도 차이를 이용하면 썩거나 벌레가 먹은 밤을 미리 알 수 있어!"

"밀도 차이요? 책에서 밀도란 말을 본 것 같은데…… 정확히 무슨 뜻이에요?"

"하하, 밀도는 물질의 부피를 모두 같게 했을 때의 질량을 말해. 여기서 부피는 물질이 차지하는 공간의 크기이고, 질량은 물질이 가진 고유한 양이지."

"음…… 좀 더 자세히 설명해 주세요."

"좋아. 부피를 간단히 물질의 크기라고 하자. 같은 크기의 나무토막과 돌멩이 중에서 어느 게 더 무거울까?"

"그야 당연히 돌멩이가 더 무겁죠."

"맞아. 질량은 무게와 관련이 있는데, 쉽게 말해 더 무거운 물체가 질량도 더 크단다. 방금 밀도는 물질의 부피를 모두 같게 했을 때의 질량이라고 했지? 따라서 같은 크기의 나무토막과 돌멩이를 비교하면 돌멩이의 질량이 더 크고, 밀도도 더 커."

아이들이 고개를 끄덕이자 용선생이 말했다.

용선생의 과학 현미경

물질의 질량이 클수록 무겁지만, 무게와 질량은 엄연히 달라. 무게는 물질에 작용하는 중력의 크기야. 그래서 장소에 따라 중력의 크기가 변하면 무게도 변해. 예를 들어 달에서는 지구에서보다 중력이 작아서 무게가 작아져. 하지만 질량은 물질이 가진 고유한 양이라 지구에서나 달에서나 똑같아.

▲ 부피가 같을 때에는 질량이 큰 물질이 밀도도 커.

"사실 나무토막과 돌멩이뿐 아니라 물질마다 밀도는 서로 달라. 중요한 건 밀도가 작은 물질은 밀도가 큰 물질 위에 항상 뜬다는 사실이야."

용선생은 물이 담긴 수조에 나무토막과 돌멩이를 넣으며 말했다.

"물에 나무토막과 돌멩이를 넣으니 어떻게 됐지?"

"나무토막은 물 위에 뜨고, 돌멩이는 물속으로 가라앉았어요."

"맞아. 나무토막이 물 위에 뜨는 까닭은 나무토막의 밀도가 물보다 작기 때문이고, 돌멩이가 물속으로 가라앉는 까닭은 돌멩이의 밀도가 물보다 크기 때문이지."

"나무토막은 가볍고 돌멩이는 무거워서가 아니고요?"

"하하, 물에 뜨고 가라앉는 건 무게가 아니라 밀도 때문이야. 정리하자면 물보다 밀도가 작은 물질은 모두 물 위에 뜨고, 물보다 밀도가 큰 물질은 모두 물속에 가라앉아."

그러자 나선애가 손을 들고 질문했다.

"이제 밀도가 뭔지는 알겠는데요…… 썩거나 벌레가 먹은 밤을 밀도 차이로 어떻게 알아내요?"

"지금부터 알아보자. 원래 속이 꽉 찬 밤은 물보다 밀도가 커. 그런데 밤이 썩거나 벌레가 속을 파먹으면 그만큼 질량이 작아져. 밤의 부피는 그대로인데 말이야. 그래서 속이 꽉 차지 않은 밤은 밀도가 원래보다 작아지는데, 물보다도 작아진단다."

▲ 밤과 물의 밀도 비교

"아하! 그럼 밤을 물에 넣으면 속이 찬 밤은 가라앉고, 속이 차지 않은 밤만 뜨겠네요?"

▲ 썩거나 벌레가 먹어서 속이 꽉 차지 않은 밤은 물 위에 떠.

"맞아. 이제 썩거나 벌레가 먹은 밤을 쉽게 찾아낼 수 있겠지?"

 **핵심정리**

밀도는 물질의 부피를 모두 같게 했을 때의 질량이야. 물보다 밀도가 작은 물질은 물 위에 뜨고, 물보다 밀도가 큰 물질은 물속에 가라앉아.

좋은 볍씨를 고르는 방법은?

▲ **벼와 볍씨** 볍씨는 다 자란 벼에서 얻은 씨앗이야. 우리가 먹는 쌀은 볍씨의 알맹이만 남긴 거야.

▲ 논에 심은 모

용선생은 물을 한 모금 마시고 말을 이었다.

"잘 여물어 속이 찬 볍씨를 고를 때에도 같은 원리를 이용한단다."

"속이 찬 볍씨요? 그걸 왜 골라요?"

"봄이 되면 논에 모내기를 하지? 이때 심는 모가 바로 볍씨의 싹을 틔운 거야. 그런데 볍씨에는 속이 비어 껍질만 있는 쭉정이가 섞여 있어. 쭉정이에서는 싹이 트지 않아서 속이 찬 볍씨만 골라내 싹을 틔우지."

"그럼 이번에는 속이 찬 볍씨와 쭉정이의 밀도 차이를 이용하면 되겠네요!"

"그렇지. 볍씨를 소금물에 넣으면 속이 찬 볍씨는 가라앉고 쭉정이는 위에 떠서 분리돼."

"그렇군요. 근데 밤을 분리할 때에는 물을 사용했는데, 볍씨를 고를 때에는 왜 소금물을 사용해요?"

"아주 좋은 질문인걸? 우리가 분리하려는 밤이나 볍씨는 속이 찬 것과 차지 않은 것이 섞여 있는 고체 혼합물이야. 이러한 혼합물을 물과 같은 액체에 넣어 밀도 차이를 이용해 분리하고 있지. 그런데 말이야, 이럴 때 사용하는 액체는 두 가지 조건을 만족해야 해."

"어떤 조건인데요?"

아이들은 눈을 크게 뜨고 용선생을 보았다.

"첫째, 사용하는 액체는 분리할 물질들을 녹이지 않아야 해. 분리할 물질이 액체에 녹아 버리면 밀도 차이에 따라 가라앉거나 뜨는 게 없을 테니까 말이야."

"그야 당연하죠."

"둘째, 액체의 밀도는 분리할 두 물질의 중간 정도여야 해. 그래야 한 물질은 액체에 뜨고 다른 물질은 가라앉아서 두 물질을 분리할 수 있어."

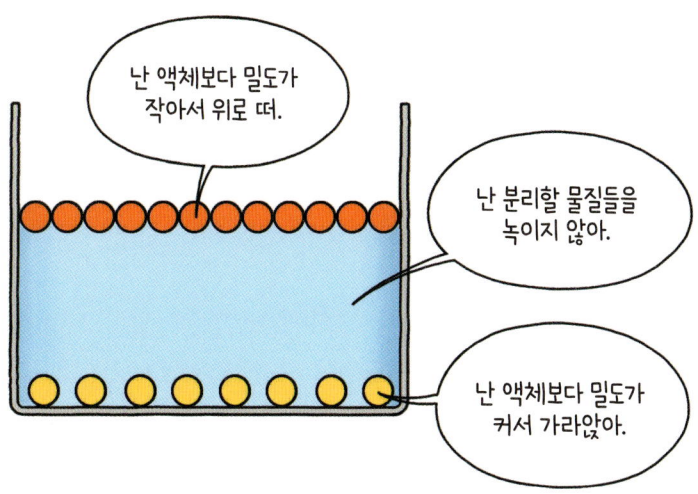

▲ 액체가 두 고체 물질을 녹이지 않고, 액체의 밀도가 두 고체 물질의 중간 정도여야 액체 위로 뜨는 물질과 아래로 가라앉는 물질을 분리할 수 있어.

"아하, 그렇겠네요. 그런데 물이 아니라 소금물을 사용하는 까닭은 여전히 잘 모르겠어요."

"바로 두 번째 조건 때문이야. 속이 찬 볍씨와 쭉정이는 둘 다 물보다 밀도가 커서 물에 넣으면 둘 다 가라앉거든. 그래서 물보다 밀도가 큰 소금물을 사용하는 거란다."

"소금물은 물보다 밀도가 커요?"

"응. 물에 소금을 녹이면 부피는 거의 변하지 않지만, 질량이 커져. 따라서 밀도가 커지지. 소금물의 밀도는 녹이는 소금의 양으로 조절할 수 있어. 소금을 많이 녹일수록 소금물의 밀도가 커지지. 그래서 소금의 양을 조절해서 소금물의 밀도를 속이 찬 볍씨보다는 작고, 쭉정이보다는 크게 만들 수 있단다."

"우아, 밀도를 조절할 수 있다니 참 편리하네요."

"그렇지? 같은 방법으로 오래된 달걀과 신선한 달걀도 구별할 수 있어."

용선생이 소금물이 담긴 비커에 달걀 두 개를 넣자 허영심이 말했다.

"달걀 하나는 물에 뜨고, 나머지 하나는 가라앉았어요. 물에 뜬 게 밀도가 작은 거죠?"

"응. 그렇다면 둘 중에 어느 쪽이 오래된 달걀일까?"

▲ 소금물에 넣은 달걀

"음…… 힌트 좀 주세요."

"하하, 달걀이 오래되면 안에 있던 물기가 조금씩 빠져나간단다."

그러자 왕수재가 얼른 손을 들고 말했다.

"저요! 물에 뜬 달걀이 오래된 거예요! 달걀에서 물기가 빠져나가면 부피는 그대로인데 질량이 작아져요. 따라서 밀도가 작아져 소금물에 뜨는 거예요."

"그래, 맞아. 수재가 아주 잘 이해했구나. 이처럼 밀도 차이를 이용하면 오래된 달걀과 신선한 달걀도 쉽게 구별할 수 있어."

핵심정리

밀도 차이를 이용해서 속이 찬 볍씨와 쭉정이, 오래된 달걀과 신선한 달걀을 구별할 수 있어.

물과 기름을 분리하려면?

용선생이 손뼉을 짝 쳐서 아이들을 집중시켰다.

"자, 이제 또 다른 혼합물의 분리 방법을 알아보자. 먼저

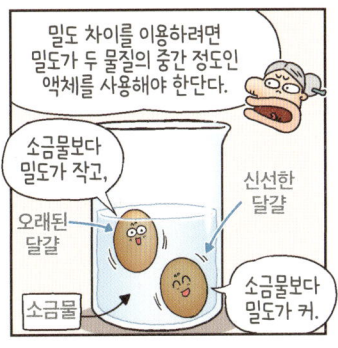

▲ **물과 기름** 기름이 물 위에 떠.

질문! 물과 기름은 섞일까, 섞이지 않을까?"

"에이! 당연히 안 섞이죠. 기름이 물 위에 뜬다는 것도 알아요."

"하하, 맞아. 기름은 물과 섞이지 않고, 물보다 밀도가 작아서 물 위에 떠. 그럼 컵에 물과 기름이 함께 담겨 있을 때 둘을 어떻게 분리할 수 있을까?"

허영심이 손을 들고 말했다.

"컵을 살짝 기울이면 위에 있는 기름만 흘러나올 테니 분리할 수 있을 것 같아요!"

"그럼 직접 한번 해 볼래?"

허영심은 컵을 기울여 기름만 따라 내리려고 했다.

"앗, 컵을 조심해서 기울였는데도 물과 기름이 동시에 흘러나와요. 이 방법으로는 안 되나 봐요."

시무룩한 허영심을 보고 용선생이 말했다.

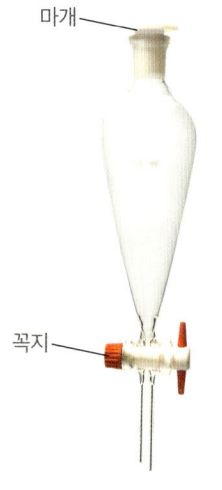

▲ **분별 깔때기**

"사실 분별 깔때기라는 도구가 있으면 아주 쉽단다. 분별 깔때기는 물과 기름처럼 서로 섞이지 않고 밀도가 다른 액체 혼합물을 분리할 때 사용하는 도구야."

① 분별 깔때기의 꼭지를 잠그고 물과 기름을 넣어.

② 마개를 연 상태에서 꼭지를 열면 아래쪽 물이 빠져나와.

③ 물과 기름의 경계에 있는 부분은 따라 내서 버려.

④ 남아 있는 기름은 입구를 통해 따라 내.

▲ 분별 깔때기 사용법

"이건 처음 봐요. 어떻게 사용하는 거예요?"

"분별 깔때기는 아래쪽에 열고 닫을 수 있는 꼭지가 있어. 꼭지를 열면 아래쪽 액체부터 빠져나오지."

"우아, 분별 깔때기를 사용하니 물과 기름을 아주 쉽게 분리할 수 있네요."

스포이트

"또 과학실에 있는 스포이트를 사용할 수도 있어."

"스포이트는 본 적 있어요."

"이 스포이트로 물 위에 떠 있는 기름만 빨아들인 다음 다른 그릇에 옮기면 물과 기름을 분리할 수 있어."

용선생의 과학 현미경

스포이트로 물과 기름을 분리할 때도 분별 깔때기와 마찬가지로 경계에 있는 물과 기름까지 완벽하게 분리하기는 어려워. 그래서 이 부분은 따로 모아서 버려야 해.

곽두기의 낱말 사전

유조선 기름 유(油) 물통 조(槽) 배 선(船). 석유를 운반하는 배를 말해.

나선애의 과학 사전

오일펜스 바다에 기름이 퍼지는 것을 막기 위해 설치하는 울타리야. 바다 위에 떠서 기름을 가두는 역할을 해.

▲ 바다에 설치된 오일펜스

용선생은 물을 한 모금 마시고 말을 이었다.

"그런데 말이야, 기름을 싣고 다니는 유조선에 사고가 나서 배에 있던 기름이 바다에 흘러나오는 경우가 있어. 이 경우에는 기름을 어떻게 제거할 수 있을까?"

"음…… 일단 바다는 아주 넓고, 기름의 양도 많아서 분별 깔때기나 스포이트처럼 작은 도구로는 기름을 제거하기 어려울 것 같아요."

"맞아. 그래서 다른 방법이 필요하지. 바다에 기름이 흘러나오면 먼저 기름 주위로 오일펜스를 쳐. 기름은 바닷물 위에 떠 있기 때문에 오일펜스를 치면 기름이 넓게 퍼지는 걸 막을 수 있지. 오일펜스 안에 가둔 기름은 뜰채로 퍼내거나 흡착포로 빨아들여 제거한단다."

"흡착포요?"

"응. 흡착포는 기름을 빨아들이는 성질이 있는 천이야.

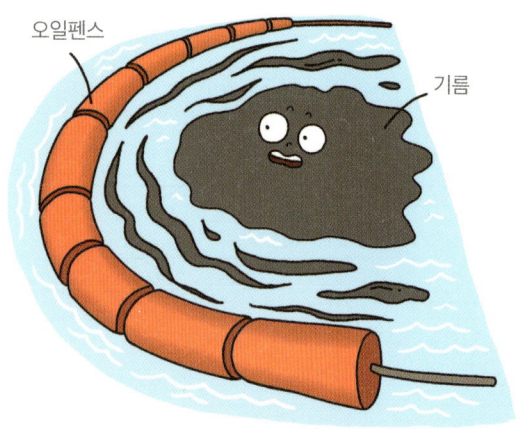
오일펜스 치기

기름 제거하기

그래서 바다 위에 떠 있는 기름을 흡착포로 빨아들여 쉽게 제거할 수 있어. 다만 흡착포로 빨아들인 기름은 다시 사용할 수 없다는 단점이 있지."

그러자 허영심이 한숨을 쉬며 말했다.

"휴, 그래도 기름이 물보다 밀도가 작아서 다행이에요. 기름이 물보다 밀도가 크다면 바다 밑으로 가라앉아 버려서, 오일펜스로는 기름이 퍼지는 걸 막을 수 없을 테니까요."

"오일펜스를 사용해도 미처 막지 못한 기름이 해변까지 퍼지기도 해. 그럴 때에는 모래나 바위에 묻은 기름을 흡착포로 일일이 닦아 내야 한단다."

그러자 곽두기가 말했다.

"일일이 닦는 게 힘들긴 하겠지만, 기름에 오염된 바다를 다시 깨끗하게 만들 수 있다니 그나마 다행이에요!"

"하하, 맞아. 하지만 기름이 바다에 흘러나오지 않게 조심하는 게 우선이겠지? 그럼 오늘 수업은 여기까지!"

핵심정리

서로 섞이지 않고 밀도가 다른 액체 혼합물은 분별 깔때기나 스포이트를 사용해서 분리할 수 있어. 바다에 흘러나온 기름은 오일펜스로 가두고 뜰채나 흡착포로 제거해.

나선애의 정리노트

1. 밀도
   ① 물질의 부피를 모두 같게 했을 때의 ⓐ
   ② 밀도가 작은 물질은 밀도가 큰 물질 위에 뜸.
      • 나무토막은 물보다 ⓑ 가 작아서 물 위에 뜸.

2. 밀도 차이를 이용한 고체 혼합물의 분리
   ① 밀도가 다른 고체 물질들이 섞여 있는 혼합물은 물과 같은 액체에 넣어 분리할 수 있음.
   ② 고체 혼합물을 분리할 때 사용하는 액체의 조건
      • 액체가 분리할 물질들을 녹이지 않아야 함.
      • 액체의 밀도가 분리할 두 물질의 중간 정도이어야 함.

3. 밀도 차이를 이용한 액체 혼합물의 분리
   ① 서로 섞이지 않고 밀도가 다른 액체 혼합물은 ⓒ 나 스포이트로 분리할 수 있음.
   ② 바다에 흘러나온 기름의 분리
      • ⓓ 를 쳐서 기름이 넓게 퍼지는 걸 막음.
      • 오일펜스 안에 가둔 기름을 뜰채나 흡착포로 제거함.

ⓐ 질량 ⓑ 밀도 ⓒ 분별 깔때기 ⓓ 오일펜스

과학퀴즈 달인을 찾아라!

●정답은 115쪽에

01

친구들이 이번 시간에 배운 내용에 대해 이야기하고 있어. 옳으면 O, 옳지 않으면 X를 표시해 줘.

① 물보다 밀도가 큰 물질은 물 위에 떠. (　　)
② 소금물의 밀도는 녹이는 소금의 양으로 조절할 수 있어. (　　)
③ 분별 깔때기에 물과 기름의 혼합물을 넣고 아래쪽 꼭지를 열면 물부터 아래로 빠져나와. (　　)

02

다음 [보기]의 문장 속 괄호에 들어갈 말을 순서대로 이으면 어떤 모양이 나온대. 무슨 모양인지 그려 봐.

> **보기**
> 밀도 차이를 이용해 고체 혼합물을 분리할 때에는 물과 같은 (　　)를 사용해. 사용하는 액체는 분리할 물질들을 (　　) 않아야 하고, 액체의 (　　)는 분리할 두 물질의 (　　) 정도이어야 해.

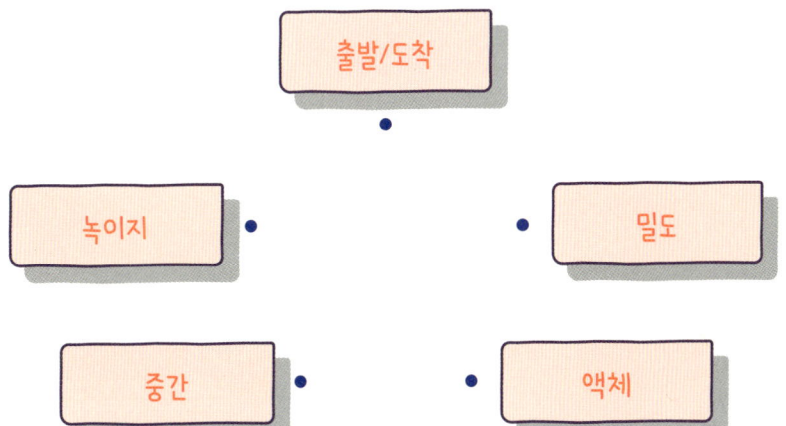

4교시 | 끓는점 차이 이용

바닷물에서 마실 물을 얻으려면?

헉헉, 목이 너무 말라. 바닷물이라도 마셔야 하나?

바닷물은 짜서 마시면 안 돼.

교과연계

초 **4-1** 혼합물의 분리
중 **2** 물질의 특성

그럼 마실 물을 어디서 구하죠?

다 방법이 있지! 궁금하면 따라와.

① 순물질과 혼합물
② 자석, 크기 차이 이용
③ 밀도 차이 이용
④ 끓는점 차이 이용
⑤ 용해도 차이 이용
⑥ 크로마토그래피

"선생님! 어제 신기한 경험을 했어요."
"그래, 하다야. 무슨 일이 있었는데?"
용선생과 아이들이 장하다의 주위로 모였다.
"글쎄, 어제 엄마가 끓여 주신 라면을 먹으려다가 냄비 뚜껑에 물방울이 맺혀 있어서 살짝 맛을 봤거든요. 당연히 라면 국물 맛이 날 줄 알았는데 아무 맛도 안 났어요. 왜 그런 거죠?"
"하하! 왜 그런지 알아볼까?"

소금물을 끓이면 어떻게 될까?

아이들이 자리에 앉자 용선생이 말했다.
"냄비 뚜껑에 맺힌 물방울에서 아무 맛도 나지 않은 까닭은 라면 국물에서 물만 끓어 나왔기 때문이야."

"네? 냄비 뚜껑에 맺힌 물방울이 라면 국물이 아니라 그냥 물이라고요? 왜 그런 거죠?"

"그 까닭을 알려면 먼저 끓음이 무엇인지부터 알아야 한단다."

용선생의 말에 왕수재가 자신 있게 말했다.

"끓음이 별건가요? 물이 보글보글 끓는 거잖아요."

"정확히 설명하자면, 끓음은 액체의 표면과 속 모두에서 액체가 기체로 변하는 현상을 말해. 그러니까 물이 끓는다는 건 물 표면과 물속 모두에서 액체인 물이 기체인 수증기로 변하는 현상이야."

> **곽두기의 낱말 사전**
>
> **표면** 겉 표(表) 겉 면(面). 물체에서 겉으로 드러나 있는 가장 바깥쪽을 말해.

끓고 있는 물 물이 끓을 때 생기는 거품은 물속에서 액체인 물이 기체인 수증기로 변한 거야.

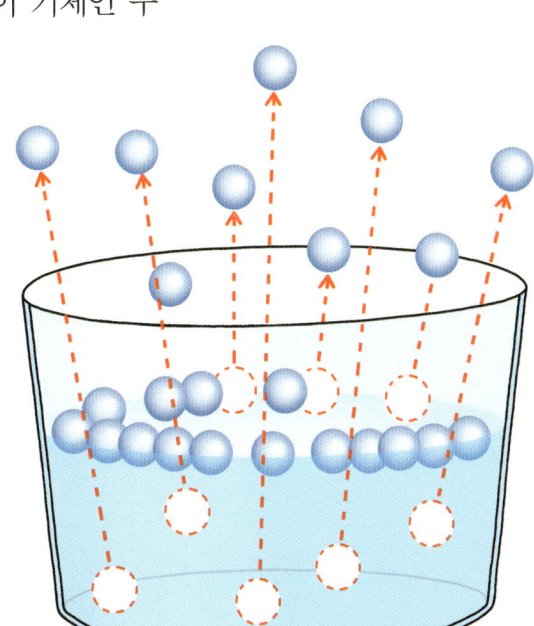

▲ 액체가 끓으면 액체의 표면과 속 모두에서 액체가 기체로 변해.

곽두기의 낱말 사전

가열 더할 가(加) 더울 열(熱). 어떤 물질에 열을 가하여 덥히는 걸 말해.

유지 맬 유(維) 버틸 지(持). 어떤 상태를 변함없이 계속 이어 가는 것을 말해.

 나선애의 과학 사전

에탄올 색이 없고 독특한 냄새가 나는 물질이야. 주로 소독제와 연료로 사용하지.

 용선생의 과학 현미경

고체의 온도를 높이면 녹아서 액체로 변했다가 끓어서 기체로 변해.

물질	끓는점
철	2,862℃
소금	1,465℃
콩기름	210℃
물	100℃
에탄올	78℃
산소	-183℃
질소	-196℃

▲ 여러 가지 물질의 끓는점

아이들이 고개를 끄덕이자 용선생은 말을 이었다.

"그런데 액체를 가열하면 온도가 높아지다가 액체가 끓는 동안에는 온도가 일정하게 유지되는데, 이때의 온도를 끓는점이라고 해. 끓는점은 물질의 종류에 따라 달라. 예를 들어 물의 끓는점은 100℃(섭씨 백 도)이지."

"다른 물질의 끓는점은 어떤데요?"

"식용유로 많이 쓰는 콩기름의 끓는점은 210℃ 정도이고, 소독제로 많이 쓰는 에탄올의 끓는점은 약 78℃야. 한편 우리 주변에 고체로 존재하는 물질은 액체보다 끓는점이 훨씬 높은 편이야. 소금의 끓는점은 약 1,465℃, 철의 끓는점은 약 2,862℃란다."

"오호, 정말 물질마다 끓는점이 다르네요."

용선생이 고개를 끄덕이자, 장하다가 보채듯 말했다.

"선생님, 끓음과 끓는점은 알겠어요. 그러니까 이제 라면 국물에서 물만 끓어 나오는 까닭을 알려 주세요."

"그건 소금물을 직접 가열해 보면서 알아보자."

용선생은 소금물을 가열 접시에 담고 가열했다.

▲ 소금물 가열 실험

"어? 소금물을 가열했더니 물이 모두 없어지고 하얀 가루만 남았어요!"

"그렇지? 이 하얀 가루가 바로 소금이야. 물은 끓어서 수증기로 변해 모두 공기 중으로 날아갔어."

그러자 나선애가 궁금한 표정으로 용선생에게 물었다.

"물은 끓어서 날아갔는데 소금은 왜 남아 있어요?"

"그건 물의 끓는점이 100℃인데 반해, 소금의 끓는점은 약 1,465℃로 매우 높기 때문이야. 알코올램프로 가열하면 소금물의 온도를 물의 끓는점까지는 쉽게 높일 수 있지만, 소금의 끓는점까지는 높일 수 없단다."

"아! 그럼 혹시 라면 국물에서 물만 끓어 나오는 것도 끓는점과 관련이 있나요?"

"맞아! 라면 국물에 녹아 있는 라면 수프는 끓는점이 물보다 훨씬 높아. 그래서 라면 국물을 끓이면 물이 먼저 끓어 나오는 거야. 이처럼 끓는점 차이를 이용하면 액체와 고체가 섞여 있는 혼합물을 분리할 수 있단다."

"오호, 그렇군요. 근데 라면을 끓일 땐 물이 뚜껑에 맺혀서 약간은 남아 있었는데, 소금물을 끓이는 실험에서는 물이 모두 공기 중으로 날아가 버렸어요. 소금물을 끓일 때에도 물을 따로 모을 수는 없나요?"

▲ **라면 수프** 라면 국물은 물에 라면 수프가 녹아 있는 혼합물이야.

"당연히 있지. 수증기가 공기 중으로 날아가지 않게 해서 따로 모으면 된단다."

"오, 어떻게요?"

핵심정리

액체가 끓는 동안 일정하게 유지되는 온도를 끓는점이라고 해. 소금물을 가열하면 물은 수증기로 변해 날아가고 소금만 남아.

 ## 소금물에서 물을 얻으려면?

"소금물을 끓일 때 물을 따로 모으려면 조금 특별한 장치가 필요해."

용선생이 실험 장치를 꺼내자 곽두기가 말했다.

"와! 실험 장치가 꽤 복잡하네요. 일단 소금물을 가열하면 수증기가 나오고…… 그다음엔 어떻게 되나요?"

"소금물에서 나온 수증기는 삼각 플라스크의 가지에 연결된 고무관을 따라 찬물에 담긴 시험관으로 이동해."

"그렇겠네요. 수증기가 이동할 수 있는 길은 고무관뿐이니까요."

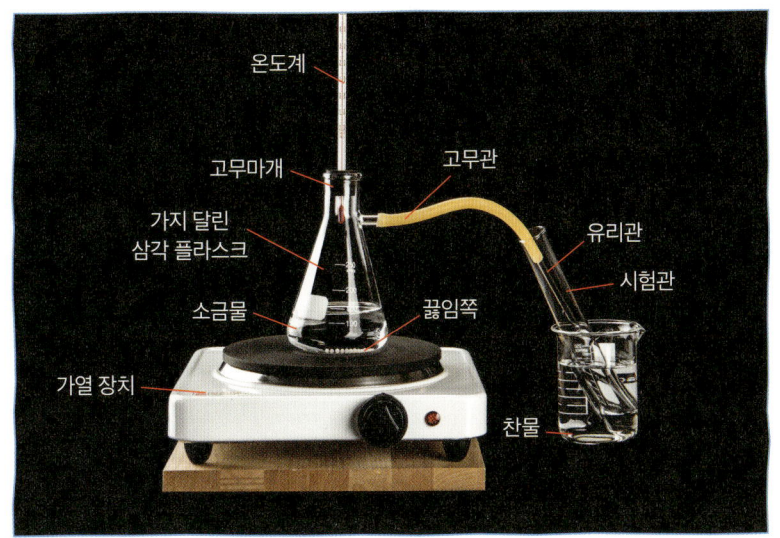

▲ **소금물 분리 실험 장치** 가지 달린 삼각 플라스크, 고무관, 시험관 등을 이용해. 소금물에 넣은 끓임쪽은 액체를 가열할 때 액체가 갑자기 끓어 넘치는 것을 막아 줘.

용선생은 가열장치를 켜면서 말했다.

"수증기가 차가운 시험관으로 이동하면 어떻게 되는지는 잘 지켜봐."

잠시 후, 시험관을 지켜보던 허영심이 말했다.

"시험관에 물이 생겼어요!"

"수증기가 차가운 시험관으로 이동해 다시 물로 변한 거야. 기체는 차가워지면 액체로 변하거든."

"아하! 그런 거군요. 그럼 소금물을 계속 가열하면 시험관 안에 물이 더 모이나요?"

"응. 소금물을 계속 가열하면 삼각 플라스크에는 소금만 남고 물은 모두 시험관에 모일 거야. 좀 더 가열해 보자."

잠시 후, 왕수재가 삼각 플라스크 안을 보며 말했다.

▲ 시험관에 모인 물

"삼각 플라스크 안에 소금만 남고, 물은 모두 시험관에 모였어요. 정말 소금물이 소금과 물로 분리되었네요!"

그러자 용선생은 미소를 지으며 말했다.

"놀라긴 일러. 끓는점 차이를 이용하면 물과 에탄올처럼 서로 잘 섞이는 액체 혼합물도 분리할 수 있단다."

"잘 섞이는 액체 혼합물이요?"

"지난 시간에는 물과 기름처럼 서로 섞이지 않는 액체 혼합물을 밀도 차이를 이용해 분리했지? 그런데 물과 에탄올은 서로 잘 섞이기 때문에 밀도 차이를 이용해 분리할 수 없어."

"아하, 그럴 때 끓는점 차이를 이용하는군요."

"맞아. 물의 끓는점은 100℃, 에탄올의 끓는점은 78℃로 서로 차이가 나지."

"에탄올의 끓는점이 물의 끓는점보다 낮네요."

"응. 그렇다면 물과 에탄올의 혼합물을 80℃ 정도가 되도록 가열하면 어떻게 될까?"

용선생의 질문에 잠시 고민하던 나선애가 말했다.

"에탄올의 끓는점은 78℃이니까 에탄올은 끓고, 물의 끓는점은 100℃이니까 물은 끓지 않을 거예요!"

"그렇지. 혼합물의 온도가 80℃ 정도가 되면 에탄올은

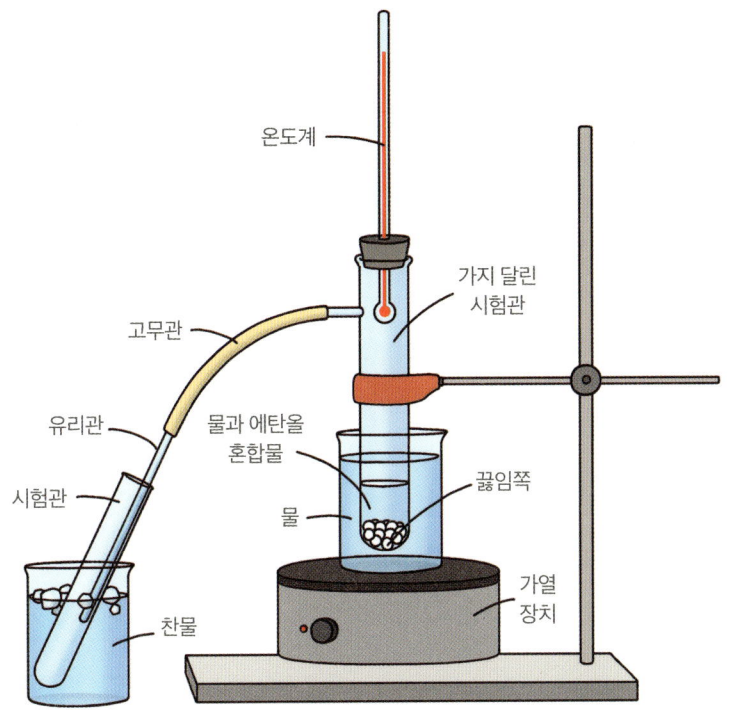

▲ 물과 에탄올의 혼합물 분리 실험 장치

끓어서 기체로 변해. 기체 에탄올은 고무관을 따라 찬물에 담긴 시험관으로 이동해서 다시 액체 에탄올이 된단다. 반면에 물은 끓지 않았으니 여전히 가지 달린 시험관에 남아 있지!"

"소금물에서 물이 분리되는 것과 같네요!"

"그래. 이렇게 끓는점 차이를 이용하면 서로 잘 섞이는 액체 혼합물도 문제없이 분리할 수 있어."

"우아, 정말 신기해요."

 용선생의 과학 현미경

물과 에탄올의 혼합물을 가열하면 끓는점이 낮은 에탄올부터 끓어 나오지만, 이때 물도 조금은 수증기로 변해 같이 나와. 그래서 이 과정을 여러 번 반복해야 순수한 에탄올을 얻을 수 있어.

 핵심정리

물과 소금의 끓는점 차이를 이용해서 소금물을 분리할 수 있어. 또 물과 에탄올처럼 서로 잘 섞이는 액체 혼합물도 끓는점 차이를 이용해서 분리할 수 있어.

끓는점 차이를 이렇게 이용해!

"그러면 오늘 배운 분리 방법이 우리 생활에서 어떻게 쓰이는지 알아볼까?"

"네! 좋아요."

"끓는점 차이를 이용하면 바닷물에서 마실 수 있는 물을 얻을 수 있어. 바닷물에는 소금을 비롯한 다양한 물질이 녹아 있어서 짠맛이 난다는 건 알고 있지?"

"네. 그래서 아무리 목이 말라도 바닷물을 바로 마시면 안 된다고 들었어요."

"맞아. 바닷물에서 물만 분리해야 마실 수 있지."

용선생은 사진 한 장을 보여 주며 말했다.

▼ 해수 담수화 시설
사우디아라비아에 있는 시설이야.

"이곳은 바닷물에서 마실 수 있는 물을 분리하는 시설이야. 바닷물에서 마실 물을 분리하는 과정을 해수 담수화라고 해."

"바닷물도 소금물을 분리할 때와 같은 방법을 이용해서 분리하나요?"

"맞아. 바닷물을 끓여서 수증기만 모은 뒤, 다시 차갑게 해 마실 수 있는 물을 얻어. 해수 담수화는 사우디아라비아나 쿠웨이트처럼 바다에 닿아 있지만 마실 물이 부족한 나라에서 많이 이용해."

"바닷물은 아주 많으니까 바닷물을 분리해서 마실 물도 많이 얻을 수 있겠네요."

"그렇지."

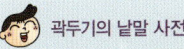

해수 바다 해(海) 물 수(水). 바닷물을 말해.

담수 싱거울 담(淡) 물 수(水). 강이나 호수의 물처럼 소금기가 없는 물을 말해.

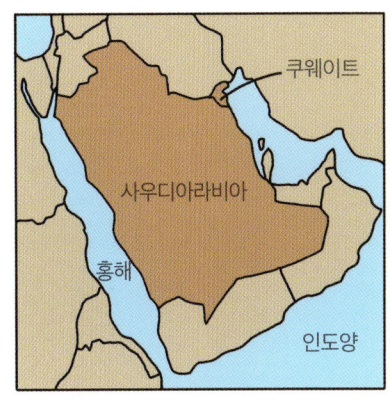

▲ **사우디아라비아와 쿠웨이트**
대부분의 지역이 건조한 사막이야.

▼ 해수 담수화 과정

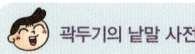

곽두기의 낱말 사전

원유 원래 원(原) 기름 유(油). 육지나 바다의 땅속에서 뽑아낸, 자연 상태의 석유를 말해.

▲ 원유를 분리하는 시설

"끓는점 차이를 또 어떻게 이용하고 있나요?"

"땅속에서 막 뽑아 올린 석유인 원유도 끓는점 차이를 이용해 분리할 수 있어. 원유도 여러 가지 물질이 섞여 있는 혼합물이거든."

"좀 더 자세히 설명해 주세요!"

"그래. 실제로 원유를 분리하는 방법은 아주 복잡하지만 기본적인 원리는 물과 에탄올의 혼합물을 분리할 때와 같아. 물과 에탄올을 어떻게 분리했는지 한번 말해 볼래?"

용선생의 질문에 나선애가 공책을 보며 말했다.

"혼합물을 가열하면 끓는점이 낮은 에탄올부터 끓어 나왔어요. 그런 다음 기체 에탄올을 차갑게 해서 다시 액체로 만들었고요."

"맞아. 원유를 분리할 때에도 일단 가열해. 이때 끓는점이 낮은 물질부터 끓어 나오면 각각의 기체를 따로 모아 차갑게 해서 액체로 만들지. 이렇게 하면 원유를 여러 가지 물질로 분리할 수 있단다."

"어떤 물질을 얻을 수 있어요?"

"가스레인지에 사용하는 석유 가스, 자동차 연료로 사용하는 휘발유, 비행기 연료로 사용하는 등유 등을 얻을 수 있어. 그리고 원유에서 끓지 않고 남은 찌꺼기는 아스

석유 가스

휘발유

등유

아스팔트

▲ 원유를 분리해서 얻은 물질이 쓰이는 곳

팔트라고 하는데, 도로를 포장하는 데 사용하지."

"우아, 원유를 분리해서 참 다양한 물질을 얻네요."

"맞아. 이처럼 혼합물을 분리해서 우리 생활에 꼭 필요한 물질들을 얻을 수 있단다. 그러니 앞으로도 혼합물을 분리하는 새로운 방법들을 계속 알아가 보자고."

"네, 좋아요!"

핵심정리

끓는점 차이를 이용하면 바닷물에서 마실 수 있는 물을 얻을 수 있어. 또 원유를 분리해 석유 가스, 휘발유, 등유, 아스팔트 같은 다양한 물질을 얻을 수 있지.

나선애의 정리노트

1. 끓는점
① 끓음: 액체의 ⓐ [　　　]과 속 모두에서 액체가 기체로 변하는 현상

② 끓는점: 액체가 끓는 동안 일정하게 유지되는 ⓑ [　　　]

③ 끓는점은 물질의 종류에 따라 다름.
  [예] 물의 끓는점 ⓒ [　　　] ℃, 콩기름의 끓는점 약 210℃ 등

2. 끓는점 차이를 이용한 분리
① 액체와 고체가 섞여 있는 혼합물 분리
  • 소금물을 물과 소금으로 분리할 수 있음.
  • 바닷물에서 마실 수 있는 물을 분리할 수 있음.

② 서로 잘 섞이는 ⓓ [　　　] 혼합물 분리
  • 물과 에탄올이 섞인 혼합물을 물과 에탄올로 분리할 수 있음.
  • 원유에서 다양한 물질을 분리할 수 있음.

ⓐ 표면 ⓑ 온도 ⓒ 100 ⓓ 액체

 # 과학퀴즈 달인을 찾아라!

●정답은 115쪽에

01

친구들이 이번 시간에 배운 내용에 대해 이야기하고 있어. 옳으면 O, 옳지 않으면 X를 표시해 줘.

① 물이 끓을 땐 표면에서만 물이 수증기로 변해. (   )

② 물과 에탄올의 혼합물을 끓이면 물이 먼저 끓어서 기체로 변해. (   )

③ 원유를 분리할 때에는 끓는점 차이를 이용해. (   )

02

장하다가 분식집을 찾고 있어. 소금물을 분리하는 방법에 대한 설명 중 옳은 것을 따라가면 분식집에 도착할 수 있대. 장하다가 길을 찾을 수 있게 도와줘.

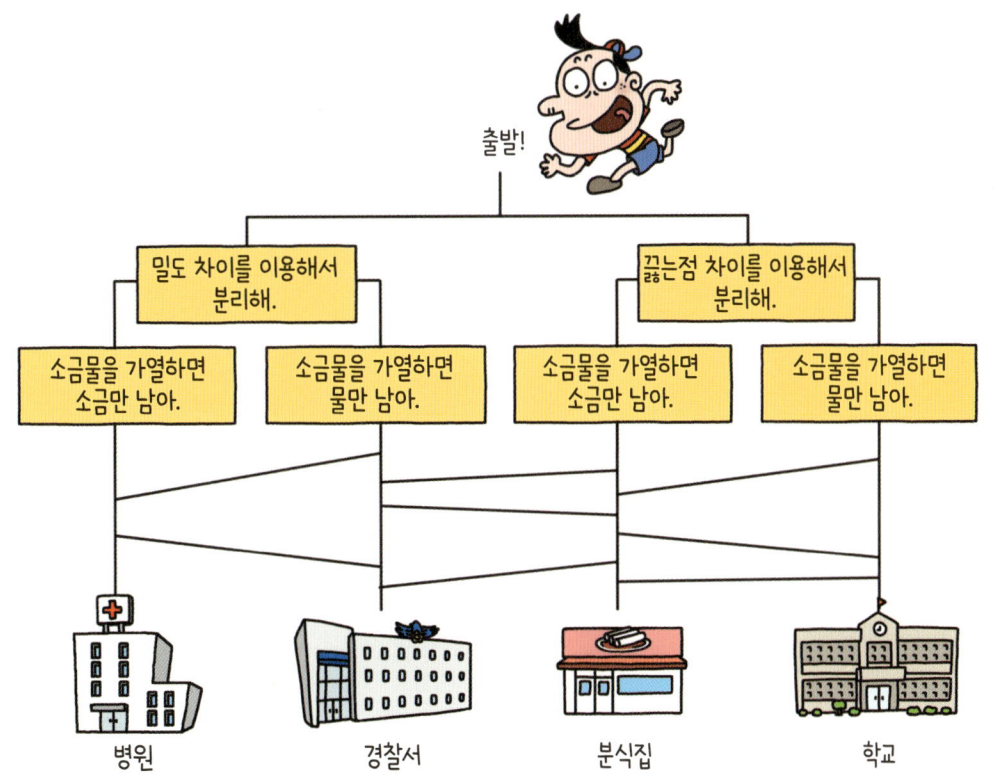

용선생의 과학 카페 | 용선생의 한국사 카페 | 용선생의 세계사 카페

https://cafe.naver.com/yongyong

용선생의 과학 카페

과학계의 핵인싸, 용선생의 과학 카페에 오신 걸 환영합니다.

[Log in]

MENU 🏅
물리면 아프다
화학이 화하하
생물 오징어
지구는 둥글다

공기는 어떻게 분리할까?

우리 주위를 둘러싸고 있는 공기는 여러 기체가 섞여 있는 혼합물이야. 공기를 이루는 기체에는 질소, 산소, 아르곤 등이 있지. 이 기체들은 우리 생활에 무척 쓸모가 많아. 질소는 과자 봉지에 채워서 과자가 부서지지 않도록 보호하는 데에 이용되고, 산소는 소방관들의 호흡 장치에 많이 이용되지. 아르곤은 공사장에서 용접할 때 이용돼.

▲ 질소가 채워진 과자 봉지

▲ 소방관들의 산소 호흡 장치

▲ 아르곤을 사용하는 용접

우리 생활에 이 기체들을 사용하려면 공기에서 각 기체들을 분리해야 해. 기체인 공기를 어떻게 분리하느냐고? 과정은 간단해. 공기를 액체로 만들어서 온도를 높이면 돼.

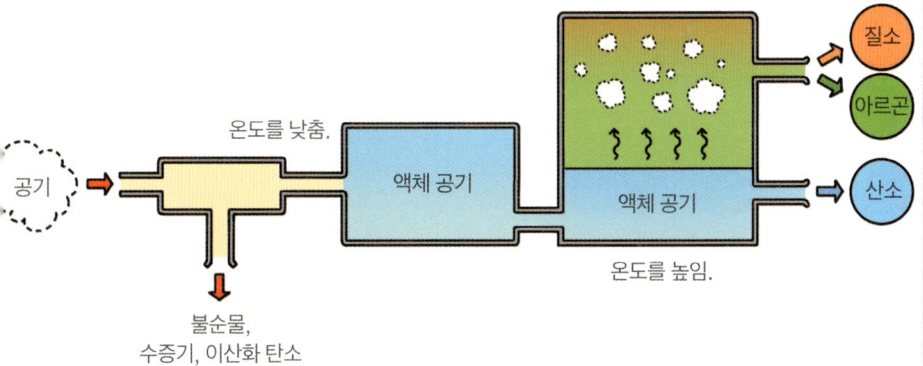

▲ **공기 분리 과정** 공기의 온도를 낮추면 수증기나 이산화 탄소 같은 기체는 고체가 되어 따로 걸러 낼 수 있어.

먼저 공기를 필터에 통과시켜 불순물을 걸러 깨끗하게 만든 뒤 공기의 온도를 낮춰. 공기의 온도가 영하 200℃보다 더 낮아지면 질소, 산소, 아르곤 등은 모두 액체가 되지. 액체가 된 공기는 끓는점 차이를 이용해 분리할 수 있어.

액체가 된 공기의 온도를 높이면 끓는점이 가장 낮은 질소가 먼저 기체로 변해. 기체 질소를 따로 모으면 질소만 분리할 수 있지. 온도가 더 높아지면 이번에는 아르곤이 기체로 변해 분리할 수 있어. 남아 있는 액체는 대부분 산소이지. 이런 식으로 각 기체의 끓는점 차이를 이용해 공기를 분리한단다.

- 장하다의 오답을 피하는 방법
- 나선애의 야무진 실험실
- 왕수재의 아는 척 과학교실
- 허영심의 별 헤는 밤
- 곽두기의 빅뱅 따라잡기

COMMENTS

- 아하, 과자 봉지에 질소가 들어 있구나.
  - 그렇다면 질소를 공부하기 위해 과자를 사 먹어야겠어.
  - 나도 같이 가자!
  - 으이구! 맨날 먹는 얘기뿐이구나.

5교시 | 용해도 차이 이용

깨끗한 소금을 얻는 방법은?

그래? 집에서 먹는 소금은 깨끗하던데?

소금에 흙이 섞여 있어.

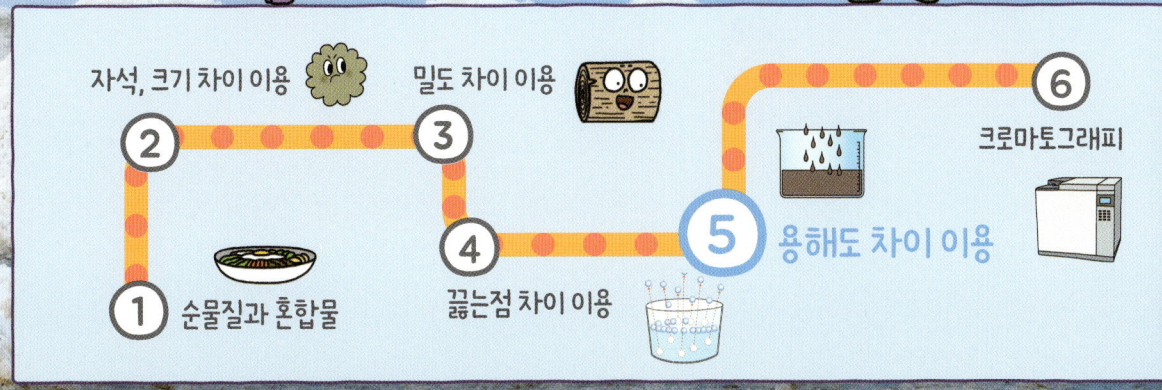

과학실로 들어온 용선생이 울상을 짓고 있는 곽두기에게 다가갔다.

"어, 두기야. 무슨 일이니?"

"제가요…… 실수로 과학실에 있는 소금을 모래 상자에 쏟았거든요. 조심해서 소금만 골라 담았는데도 모래가 섞여 버렸어요. 소금과 모래를 다시 분리할 수 있을까요?"

그러자 용선생이 씨익 웃으며 말했다.

"하하, 물론이지. 아주 쉽게 분리할 수 있단다."

"정말요?"

 소금과 모래를 분리하라!

아이들이 과학실에 모두 모이자, 용선생이 말했다.

"오늘은 소금과 모래가 섞인 혼합물을 분리할 거야. 소금은 물에 녹고 모래는 물에 녹지 않는 성질을 이용하면 소금과 모래를 쉽게 분리할 수 있단다."

▲ 소금과 모래의 혼합물을 물에 넣은 모습

용선생이 물이 담긴 비커에 소금과 모래가 섞인 혼합물을 쏟아부었다.

"모래가 물에 녹지 않아서 물이 뿌옇게 흐려졌어요."

"그럼 물에 녹지 않은 모래부터 분리해 보자."

용선생은 비커의 물을 거름 장치에 천천히 부었다.

"오, 모래만 거름종이 위에 남고 물은 빠져나갔어요."

"물에 녹지 않은 물질은 거름종이를 빠져나갈 수 없어. 그래서 모래는 거름종이 위에 남은 거야. 혼합물에서 모래가 분리된 거지. 모래는 씻어서 말려 두자."

용선생은 비커에 모인 물을 가리키며 말했다.

"혼합물에 섞여 있던 소금은 물에 녹아 있어. 그럼 소금

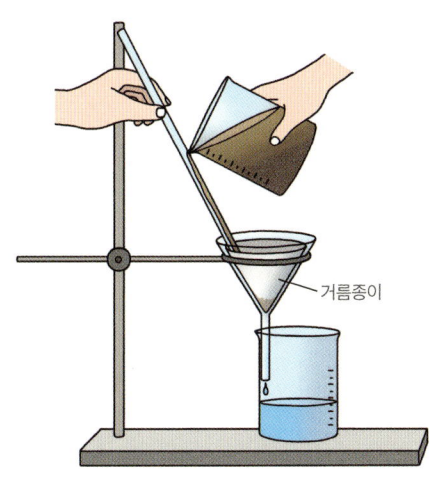

▲ **거름 장치** 깔때기 안에 고깔 모양으로 접은 거름종이가 놓여 있어.

> **용선생의 과학 현미경**
>
> 거름종이에는 우리 눈에 보이지 않는 아주 작은 구멍이 있어. 물과 물에 녹은 물질은 거름종이의 구멍보다 알갱이 크기가 작아서 구멍을 통해 거름종이를 빠져나갈 수 있어. 하지만 물에 녹지 않은 물질은 거름종이의 구멍보다 알갱이 크기가 커서 거름종이를 빠져나갈 수 없지.
>
>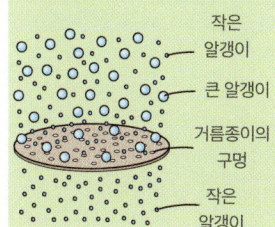

물에서 소금은 어떻게 분리할 수 있을까?"

"아! 소금물을 끓이면 소금을 분리할 수 있어요. 지난 시간에 배웠잖아요!"

"하하, 잘 기억하고 있구나."

용선생은 소금물을 끓여 소금을 분리했다.

"우아, 정말 섞여 있던 소금과 모래를 따로따로 분리했네요."

곽두기가 분리된 소금과 모래를 번갈아 보며 말했다.

▲ 소금물은 소금과 물의 끓는점 차이를 이용해 분리할 수 있어.

"이처럼 거름종이를 사용해 물에 녹는 물질과 물에 녹지 않는 물질을 분리하는 방법을 '거름'이라고 해. 소금과 후추가 섞여 있을 때에도 거름으로 분리할 수 있고, 천일염에서 불순물을 제거할 때에도 거름을 사용해."

"천일염이 뭔데요?"

허영심이 물었다.

"천일염은 바닷물에서 얻은 소금이야. 천일염에는 흙과 같은 불순물이 섞여 있어. 그래서 천일염을 물에 녹여 거름 장치로 불순물을 걸러 내고 다시 물을 없애는 방법으로 깨끗한 소금을 얻지."

"아하, 소금과 모래를 분리한 방법과 똑같네요."

핵심정리

거름종이를 사용해 물에 녹는 물질과 물에 녹지 않는 물질이 섞여 있는 혼합물을 분리하는 방법을 거름이라고 해.

 물을 뿌리면 냄새가 사라지는 까닭은?

그때 장하다가 주뼛거리며 말했다.

"선생님, 죄송하지만 잠시 화장실 좀 다녀와도 될까요? 수업 전에 물을 너무 많이 마셨나 봐요."

"하하, 마침 잘 됐구나. 안 그래도 화장실에서 함께 확인해 볼 게 있거든. 잠깐 쉬었다가 화장실에서 모이자."

잠시 후, 화장실에 모인 아이들이 코를 막고 있었다.

"윽, 오늘따라 화장실 냄새가 지독해요."

"하하, 선생님이 화장실 냄새를 순식간에 없애 볼게."

용선생이 샤워기로 화장실 공중에 물을 뿌렸다.

"우아, 정말 냄새가 거의 안 나요! 어떻게 된 거죠?"

나선애의 과학 사전

암모니아 고약한 냄새가 나고 물에 잘 녹는 성질이 있는 물질로, 오줌에도 들어 있어. 주로 비료의 재료로 사용돼.

"화장실에서 냄새가 나는 까닭은 공기 중에 섞여 있는 암모니아라는 기체 때문이야. 암모니아는 물에 아주 잘 녹는 성질이 있어. 그래서 물을 뿌리면 냄새가 사라지지."

"암모니아는 소금처럼 물에 잘 녹는군요."

"응. 소금이 물에 녹거나 암모니아가 물에 녹는 것처럼 한 물질이 다른 물질에 녹아 골고루 섞이는 현상을 용해라고 해. 또 용해가 일어날 때 다른 물질을 녹이는 물질을 용매라고 하지. 소금물을 만들 때 소금이 물에 녹는 현상이 용해이고, 물이 소금을 녹이는 용매란다."

▲ 용해와 용매

용선생의 과학 현미경

용해도는 온도에 큰 영향을 받아. 고체는 대부분 용매의 온도가 높을수록 더 많이 녹지. 예를 들어 물이 100 g일 때, 설탕은 20℃에서 202 g이 녹지만 80℃에서는 365 g이 녹아. 반대로 기체는 용매의 온도가 낮을수록 많이 녹는단다.

"그런데 냄새가 완전히 사라지지 않은 걸 보니 물에 넣는다고 무조건 다 녹는 건 아닌가 봐요."

"맞아. 모든 물질은 물에 녹을 수 있는 양이 정해져 있어. 어떤 물질이 일정한 온도에서 용매 100 g(그램)에 최대로 녹을 수 있는 양을 용해도라고 해. 보통 물질에 따라서 용해도가 다르단다."

"오, 어떻게 다른데요?"

"예를 들어, 암모니아는 20℃ 물 100 g에 89.5 g이나 녹을 수 있지. 반면 공기를 이루는 기체들은 물에 잘 녹지 않아. 공기는 대부분 질소와 산소로 이루어져 있는데, 똑같은 20℃ 물 100 g에 질소는 0.03 g, 산소는 0.007 g밖에 녹지 않아."

"아하, 그래서 화장실 냄새가 사라진 거네요! 암모니아는 물에 잘 녹고, 공기는 잘 녹지 않으니까요."

"맞아. 암모니아와 공기의 용해도 차이를 이용해서 공기 중에 섞여 있는 암모니아만 따로 분리한 거야. 아까 소금과 모래를 분리한 거름도 소금과 모래의 용해도 차이를 이용해 혼합물을 분리한 거란다."

아이들은 알았다는 듯 고개를 끄덕였다.

"화장실에서 확인할 것은 다 했으니, 이번엔 과학실로 돌아가 좋은 냄새가 나는 실험을 해 보자!"

핵심정리

한 물질이 다른 물질에 녹는 것을 용해라고 하고, 이때 다른 물질을 녹이는 물질을 용매라고 해. 어떤 물질이 일정한 온도에서 용매 100 g에 최대로 녹을 수 있는 양을 용해도라고 하는데, 용해도는 물질마다 달라.

콩에서 기름을 얻는 방법은?

과학실로 돌아온 용선생이 서랍에서 봉지를 꺼냈다.

"으흠, 엄마가 집에서 마시는 커피 냄새가 나요."

"하하, 이건 원두커피 가루야. 거름종이에 원두커피 가루를 담고 뜨거운 물을 부으면 어떻게 되는지 보자."

용선생이 원두커피 가루에 뜨거운 물을 부었다.

"이야, 비커에 커피가 만들어졌어요!"

"그렇지? 원두커피 가루에는 용매인 물에 녹는 물질과 녹지 않는 물질이 섞여 있어. 즉, 용해도가 다른 거야. 원두커피 가루에 물을 부으면 물에 녹는 물질만 거름종이를 빠져나가 비커에 모이지. 이게 바로 커피야."

"원두커피 가루가 모두 물에 녹는 건 아니군요."

"맞아. 이렇게 혼합물에서 일부 물질만을 녹이는 용매를 사용해 혼합물을 분리하는 방법을 추출이라고 해."

"그럼 원두에서 커피를 추출한 건가요?"

"그렇지. 추출을 할 때에는 물이 아닌 다른 용매를 사용하기도 해. 용매에 따라 녹일 수 있는 물질도 다르거든. 예를 들어 요리할 때 많이 사용하는 콩기름도 추출을 이용해 얻어. 이때에는 물 대신 '헥세인'이란 용매를 사용해."

장하다의 상식 사전

원두 커피나무 씨를 말려서 볶은 것을 말해.

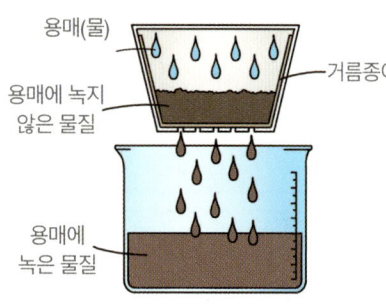

▲ **커피가 만들어지는 과정** 용매에 녹은 물질은 거름종이를 빠져나가고, 녹지 않은 물질은 거름종이를 빠져나가지 못해. 녹차를 우리는 것도 추출이야.

용선생의 과학 현미경

원두커피를 만들 때에는 추출과 거름을 동시에 사용해. 원두커피 가루 중 일부 물질만을 녹이는 것은 추출이고, 찌꺼기를 거름종이로 분리하는 것은 거름이야.

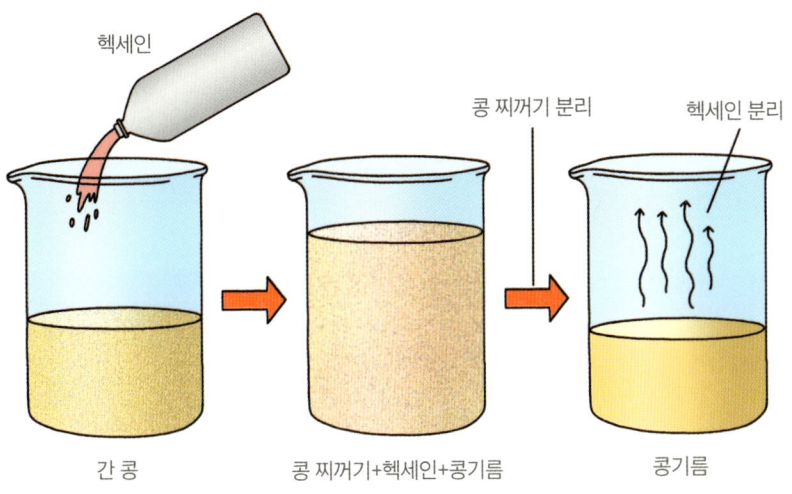

▲ 콩기름 추출 과정

"헥세인은 처음 들어 봐요."

"헥세인은 석유 냄새가 나고 색깔이 없는 액체야. 콩에 있는 기름을 녹일 수 있는 용매이지. 콩을 갈고 헥세인을 넣으면 콩에서 콩기름만 헥세인에 녹아 분리돼. 그런 다음 콩 찌꺼기와 헥세인을 제거하면 콩기름만 남아. 이런 방식으로 콩에서 콩기름을 추출하는 거야."

그러자 장하다가 입맛을 다시며 말했다.

"쩝, 기름 이야기를 들으니까 콩기름에 맛있게 튀긴 튀김이 먹고 싶어요."

"하하, 그래. 수업은 이만하고 모두 분식집으로 출발!"

 핵심정리

원두커피나 콩기름을 얻는 것처럼, 혼합물에서 일부 물질만을 녹이는 용매를 사용해 혼합물을 분리하는 방법을 추출이라고 해.

나선애의 정리노트

1. 용해

① 한 물질이 다른 물질에 녹아 골고루 섞이는 현상

② 용해도: 어떤 물질이 일정한 온도에서 ⓐ [　　　] 100 g에 최대로 녹을 수 있는 양

- 20℃ 물 100 g에 암모니아는 89.5 g, 질소는 0.03 g, 산소는 0.007 g 녹음.

2. 용해도 차이를 이용해 혼합물을 분리하는 방법

① 거름: ⓑ [　　　]를 사용해 물에 녹는 물질과 물에 녹지 않는 물질을 분리하는 방법

  [예] 소금과 모래가 섞여 있는 혼합물 분리

② ⓒ [　　　]: 혼합물에서 일부 물질만을 녹이는 용매를 사용해 혼합물을 분리하는 방법

  [예] 물을 사용해 원두커피 가루에서 커피 분리, 헥세인을 사용해 콩에서 ⓓ [　　　] 분리

ⓐ 용매 ⓑ 거름종이 ⓒ 추출 ⓓ 지방

 과학퀴즈 🧪 달인을 찾아라!

● 정답은 115쪽에

01

친구들이 이번 시간에 배운 내용에 대해 이야기하고 있어. 옳으면 O, 옳지 않으면 X를 표시해 줘.

① 물에 녹은 물질은 거름종이를 통과할 수 없어. (   )
② 소금과 후추가 섞여 있을 때에는 거름으로 분리할 수 있어. (   )
③ 추출을 할 때 용매는 물만 사용할 수 있어. (   )

02

다음 보기 의 괄호 속에 들어갈 낱말들이 아래 네모 칸에 숨어 있어. 가로, 세로 혹은 대각선으로 연결해서 알맞은 말을 찾아봐.

보기
① 한 물질이 다른 물질에 녹아 골고루 섞이는 현상을 (   )라고 해.
② 소금과 모래가 섞여 있는 혼합물은 (   )으로 분리할 수 있어.
③ 헥세인을 사용해 콩에서 콩기름을 (   )할 수 있어.

거	야	수	영
구	름	주	추
한	용	운	출
글	매	해	발

| 6교시 | 크로마토그래피 |

오줌에 섞여 있는 물질은 어떻게 알아낼까?

오줌에 섞여 있는 물질을 알아내는 중이래.

윽, 오줌으로 뭘 하는 걸까?

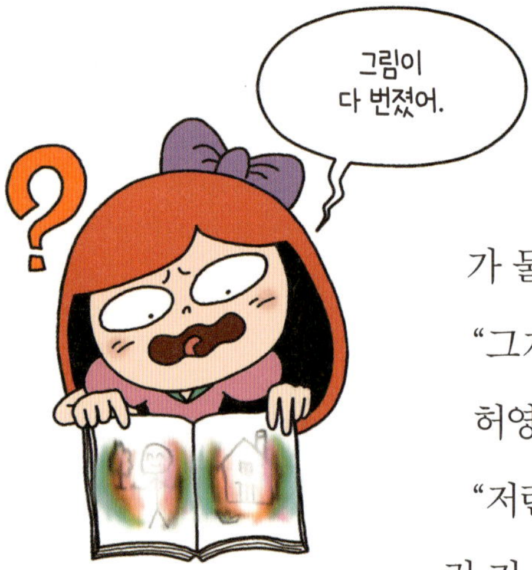

"그림이 다 번졌어."

"영심아, 왜 그래?"

울상을 짓고 있는 허영심에게 아이들이 다가가 물었다.

"그게…… 공책이 물에 젖어서 그림이 다 번졌어."

허영심은 아이들에게 물에 젖은 공책을 보여 주었다.

"저런, 그림이 엉망이 됐네. 여러 가지 색깔로 예쁘게 그린 거 같은데…… 참 아깝다."

"아니야, 나는 검은색 사인펜만 사용했어."

"검은색만 사용했다고? 공책에는 분홍색도 보이고, 하늘색도 보이는데?"

나선애는 여러 가지 색깔로 번진 그림을 보며 말했다.

"흠, 이상하다. 사용하지 않은 색깔이 어디에서 나타난 걸까?"

아이들을 조용히 지켜보던 용선생이 사인펜을 꺼냈다.

검은색 잉크에 숨어 있는 색깔은?

"그 색들은 모두 이 검은색 수성 사인펜에서 나왔어!"

"네에? 검은색 사인펜에서 분홍색이랑 하늘색이 나왔다고요?"

아이들은 검은색 사인펜을 유심히 살펴보았다.

"이상하다. 아무리 봐도 검은색인데……?"

용선생은 아이들의 표정을 보며 씨익 웃었다.

"하하! 사실 분홍색과 하늘색은 검은색 속에 숨어 있단다. 직접 확인해 볼까?"

"네! 빨리 확인해 봐요!"

용선생은 서랍에서 길쭉한 거름종이를 꺼내며 말했다.

"자, 이렇게 길쭉한 거름종이 아래에 검은색 수성 사인펜으로 진하게 점을 찍고, 점을 찍은 부분의 아래쪽 종이만 물에 잠기게 설치하면 돼."

"그러면 어떻게 되는데요?"

"그건 직접 관찰해 보렴."

용선생의 말에 아이들은 가만히 점을 관찰했다.

"선생님, 물이 거름종이를 타고 점점 위로 올라가요."

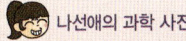
나선애의 과학 사전

수성 물 수(水) 성질 성(性). 물에 녹기 쉬운 성질을 말해.

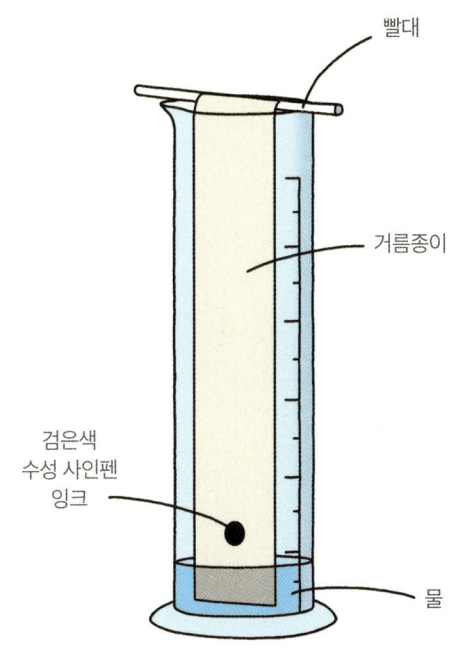

▲ **실험 장치** 사인펜으로 찍은 점은 물에 잠기지 않아야 해.

 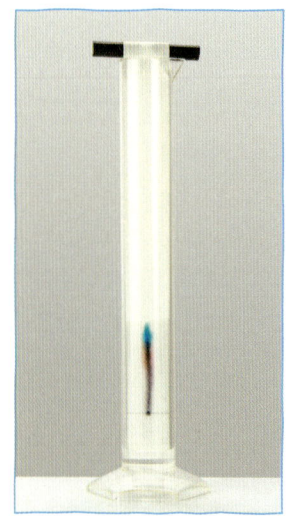 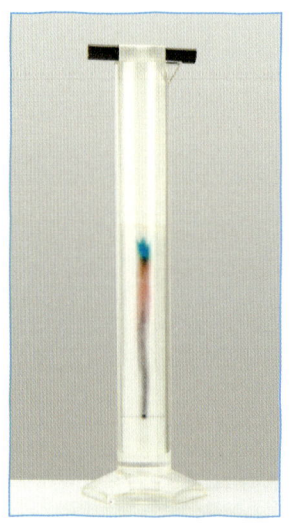 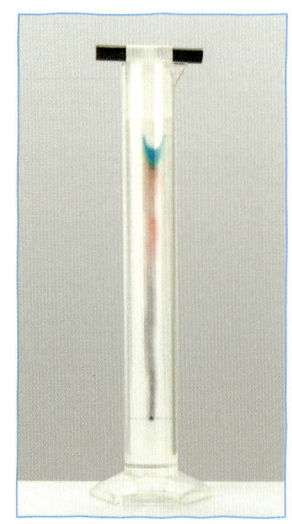

▲ 검은색 수성 사인펜 잉크의 색소 분리

"사인펜 잉크도 위로 퍼지고 있어요!"

"응. 거름종이에 물이 스며들어 위로 이동할 때 사인펜 잉크도 물에 녹아 함께 퍼져 나가는 거야. 잉크가 퍼져 나가는 모습을 좀 더 지켜보렴!"

"오호, 검은색 잉크가 분홍색, 하늘색, 보라색…… 여러 가지 색깔로 나누어져요."

"그렇지? 이렇게 검은색 사인펜 잉크가 여러 가지 색깔로 나누어지는 걸 보면, 여러 가지 색소가 섞여서 검은색 사인펜 잉크를 이루고 있다는 사실을 알 수 있지."

"아하, 미술 시간에 여러 가지 색깔의 물감을 섞어서 다른 색깔을 만드는 것처럼 사인펜 잉크도 여러 가지 색소를

곽두기의 낱말 사전

색소 빛깔 색(色) 바탕 소(素). 색깔이 나타나도록 해 주는 물질을 말해.

섞어서 만드나 보네요."

"맞았어."

"그럼 사인펜 잉크가 혼합물이네요?"

"응. 사인펜 잉크는 여러 가지 색소가 섞여 있는 혼합물이야."

"선생님, 다른 색깔 사인펜으로도 실험해 봐요."

"그래. 이번에는 파란색과 빨간색 수성 사인펜으로 직접 실험해 보렴."

아이들은 파란색과 빨간색 수성 사인펜으로 실험을 반복했다.

"우아, 파란색 사인펜 잉크에서는 하늘색과 분홍색이 조금씩 보여요."

"빨간색 사인펜 잉크에서는 노란색과 진한 분홍색이 나타났고요."

"사인펜 종류에 따라 섞여 있는 색소들이 달라서 나타나는 색깔이 다르단다. 이제 영심이의 공책에 여러 색깔이 나타난 까닭을 확실히 알겠지?"

"네. 영심이가 검은색 수성 사인펜으로 그린 그림도 물에 번지면서 사인펜 잉크에 섞여 있던 색소들이 분리된 거예요."

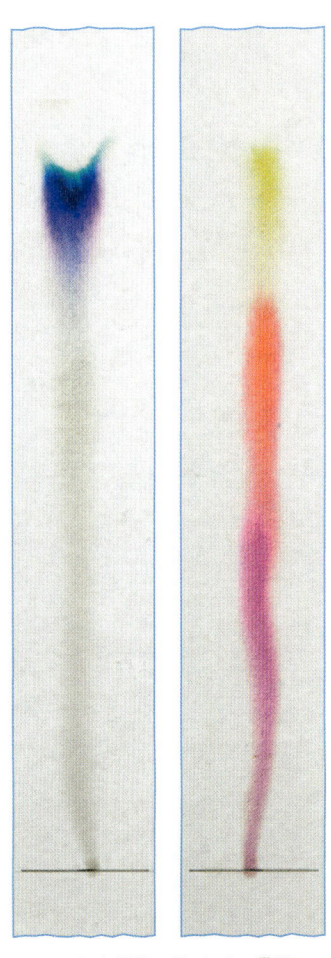

▲ 파란색(왼쪽), 빨간색(오른쪽) 수성 사인펜 실험 결과

그때 왕수재가 손을 들고 질문했다.

"그런데 사인펜 잉크에 섞여 있던 색소들이 왜 이렇게 분리되는 거예요?"

핵심정리

수성 사인펜 잉크는 여러 가지 색소가 섞여 있는 혼합물이야. 수성 사인펜 잉크가 물에 녹아 이동하면 색소들이 분리되어 여러 가지 색깔이 나타나.

 **색소들의 달리기**

"좋은 질문이야. 너희들이 이해하기 쉽게 달리기로 설명해 볼게. 여기서 누가 달리기를 제일 잘하지?"

용선생의 말에 장하다가 자신 있게 말했다.

"제가 제일 잘해요! 그리고 왕수재가 가장 느리죠."

"하하, 그렇구나. 너희들이 달리는 빠르기가 각자 다른 것처럼 잉크에 섞여 있는 색소들도 저마다 물에 녹아 거름

▲ 같은 위치에서 동시에 출발하면 빠를수록 더 멀리 이동해.

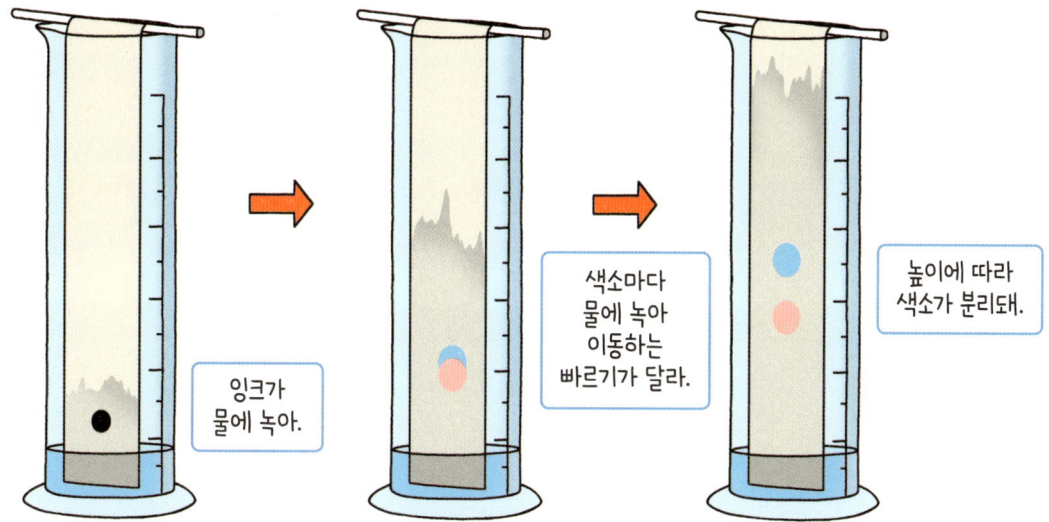

▲ 색소가 빠르게 이동할수록 높은 위치에서 분리돼.

종이 위에서 이동하는 빠르기가 다르단다. 색소가 빠르게 이동할수록 더 멀리 이동하지."

"그러면 제일 높이 있는 색소가 제일 빠르게 이동한 건가요?"

"그렇지! 반대로 가장 느리게 이동한 색소는 가장 아래에 있어. 이처럼 색소마다 이동하는 빠르기가 달라서 높이에 따라 색소가 분리된단다. 혼합물을 이루는 각 물질들이 용매에 녹아 이동하는 빠르기가 다른 점을 이용해 혼합물을 분리하는 방법을 크로마토그래피라고 해."

아이들이 고개를 끄덕이자 용선생은 말을 이었다.

"크로마토그래피는 혼합물을 분리하는 다른 방법들에 비해서 간단하고, 여러 가지 물질을 한 번에 분리할 수 있다는 장점이 있어."

 용선생의 과학 현미경

크로마토그래피로 혼합물을 분리할 때에는 혼합물을 이루는 물질들을 녹일 수 있는 용매를 사용해야 해. 예를 들어 물에 녹지 않는 유성 사인펜 잉크는 물 대신 에테르라는 용매를 사용해 분리할 수 있어.

"그러네요. 거름종이에 사인펜으로 점을 찍어 물에 담그기만 했는데도 여러 가지 색소가 분리되었잖아요."

용선생은 미소를 지으며 고개를 끄덕였다.

"또 크로마토그래피는 사인펜의 색소처럼 매우 적은 양의 혼합물도 분리할 수 있어. 이런 장점들 때문에 우리 생활 곳곳에서 크로마토그래피를 이용하고 있지."

"또 어디에 이용하는데요?"

혼합물을 이루는 각 물질들이 용매에 녹아 이동하는 빠르기가 다른 점을 이용해 혼합물을 분리하는 방법을 크로마토그래피라고 해.

 ## 크로마토그래피로 알아낼 수 있어

"대표적으로 운동선수의 도핑 검사를 할 때에 크로마토그래피를 이용해."

"도핑 검사! 들어본 적 있어요. 그런데 그게 뭔지는 잘 모르겠어요. 헤헤."

"도핑 검사는 운동선수가 금지된 약을 먹거나 주사를

맞았는지를 검사하는 거야."

"운동선수가 왜 금지된 약을 먹고 주사를 맞아요?"

"금지된 약을 먹거나 주사를 맞은 운동선수는 평소보다 더 빠르게 달릴 수 있고, 더 무거운 것을 들 수 있거든. 그런데 이건 시험 볼 때 커닝을 하는 것처럼 정정당당하지 않은 방법이야."

"아, 그래서 도핑 검사를 하는 거군요."

"응. 운동선수가 약을 먹거나 주사를 맞으면 약물이 오줌에 아주 조금 섞여 나와. 운동선수의 오줌을 모아 크로마토그래피 기계에 넣으면, 금지된 약물이 섞여 있는지 자동으로 분석해서 알려 줘. 아주 적은 양의 약물이라도 크로마토그래피를 이용해 확인할 수 있지."

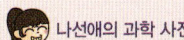

나선애의 과학 사전

분석 나눌 분(分) 쪼갤 석(柝). 물질이 무엇으로 이루어져 있는지 알아내는 일을 말해.

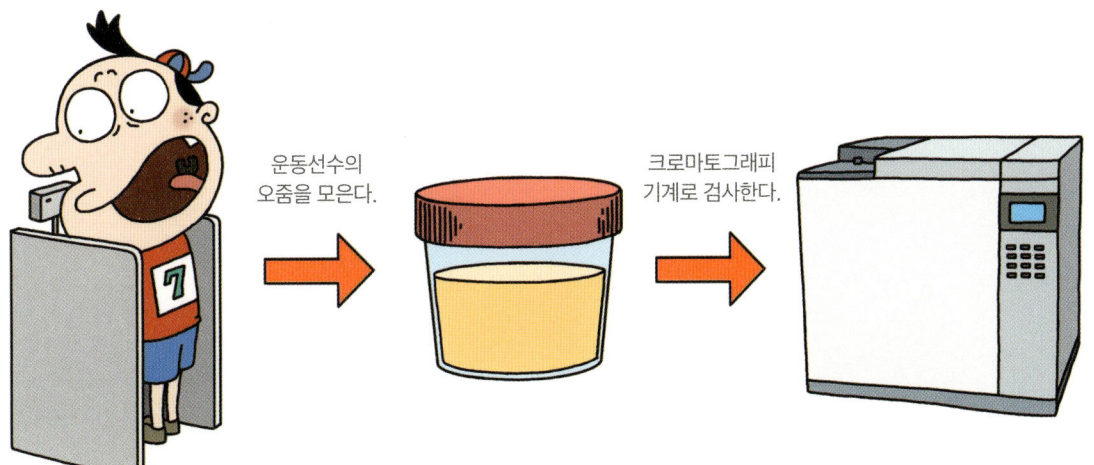

운동선수의 오줌을 모은다. → 크로마토그래피 기계로 검사한다.

▲ 도핑 검사 과정

"우아, 오줌으로 약물을 검사한다니 정말 신기해요."

"하하, 병원에서 하는 혈액 검사도 크로마토그래피를 이용하는 거란다."

"오호, 혈액 검사를 하면 뭘 알 수 있죠?"

"혈액에도 오줌과 마찬가지로 우리 몸에 있는 여러 가지 물질이 섞여 있어. 혈액에 섞여 있는 물질들을 분리해 내서 우리 몸이 건강한지 아픈지 알아내지."

용선생은 물을 한 모금 마시고 말을 이었다.

"또 크로마토그래피를 이용해 우리가 먹는 채소에 농약이 남아 있는지도 알아낼 수 있어."

"헉, 농약은 몸에 해로운 거잖아요."

"맞아. 농약은 채소가 자라는 데 피해를 주는 벌레나 잡초 등을 없애려고 뿌리는 약품이야. 그런데 이렇게 뿌린 농약이 채소에 계속 남아 있는 경우도 많아. 우리가 먹는 채소에 농약이 남아 있으면 건강에 좋지 않겠지?"

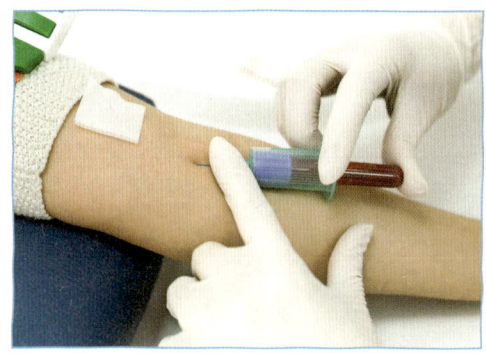

▲ 혈액 검사

▲ 농약 검사

"그래서 크로마토그래피로 채소에 농약이 남아 있는지 확인하는 거군요!"

"응. 농약이 남아 있는지 검사할 때에는 먼저 채소를 곱게 간 다음에 거름 장치로 걸러서 즙을 모아. 그렇게 모은 즙을 크로마토그래피 기계에 넣으면 농약이 남아 있는지 확인할 수 있어."

"오줌과 혈액에 섞여 있는 물질도 알아내고 채소에 남아 있는 농약도 알아내고…… 크로마토그래피는 참 쓸모가 많네요."

"크로마토그래피뿐 아니라 우리가 지금까지 배운 혼합물의 분리 방법은 모두 우리 생활에 활발히 이용되고 있어. 혼합물의 분리로 원하는 물질을 얻기도 하고, 혼합물이 어떤 물질로 이루어져 있는지도 확인하지."

"맞아요. 이제 혼합물의 분리가 얼마나 중요한지 확실히 알겠어요!"

"하하하, 그래. 다들 제대로 배운 것 같구나. 그럼 혼합물의 분리 수업은 여기서 끝!"

핵심정리

운동선수의 도핑 검사, 병원에서 하는 혈액 검사, 채소에 남아 있는 농약 검사 등에 크로마토그래피가 이용돼.

나선애의 정리노트

1. 크로마토그래피
① 혼합물을 이루는 각 물질들이 ⓐ _____ 에 녹아 이동하는 빠르기가 다른 점을 이용해 혼합물을 분리하는 방법

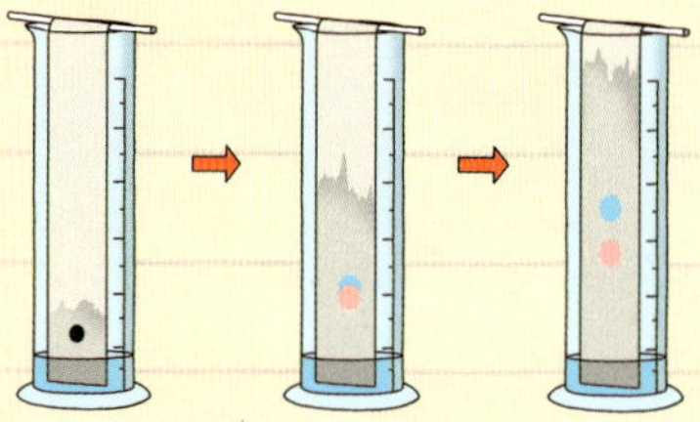

2. 크로마토그래피의 장점
① 혼합물을 분리하는 다른 방법들에 비해서 간단함.
② 여러 가지 물질을 한 번에 ⓑ _____ 할 수 있음.
③ 매우 적은 양의 물질도 분리할 수 있음.

3. 크로마토그래피의 이용
① 운동선수의 도핑 검사
② 병원에서 하는 ⓒ _____ 검사
③ 채소에 남아 있는 ⓓ _____ 검사

ⓐ 용매 ⓑ 분리 ⓒ 혈액 ⓓ 농약

 # 과학퀴즈 달인을 찾아라!

●정답은 115쪽에

01

친구들이 이번 시간에 배운 내용에 대해 이야기하고 있어. 옳으면 O, 옳지 않으면 X를 표시해 줘.

① 수성 사인펜 잉크가 물에 녹아 퍼지면 여러 가지 색깔이 나타나. (　　)

② 크로마토그래피는 한 번에 한 가지 물질만 분리할 수 있어. (　　)

③ 크로마토그래피를 이용하면 물과 기름의 혼합물을 분리할 수 있어. (　　)

02

나선애가 보물 상자를 발견했어. 물과 거름종이를 이용해 사인펜 색소를 분리한 크로마토그래피 결과에서 가장 빠르게 이동한 색소의 번호부터 순서대로 누르면 보물 상자를 열 수 있대. 나선애가 보물 상자를 열 수 있게 도와줘.

알았다! 암호는 □□□□□□ 이야!

용선생의 과학 카페 | 용선생의 한국사 카페 | 용선생의 세계사 카페

 https://cafe.naver.com/yongyong

용선생의 과학 카페

과학계의 핵인싸, 용선생의 과학 카페에 오신 걸 환영합니다.

[Log in]

오늘은 어떤 재미난 지식을 올려 볼까?

MENU
물리면 아프다
화학이 화하하
생물 오징어
지구는 둥글다

크로마토그래피로 범인을 잡아라!

뉴스를 보면 범죄 현장에서 하얀 옷을 입은 과학 수사 요원들이 증거를 찾는 모습이 나오곤 해. 면봉으로 바닥을 문지르기도 하고, 핀셋으로 머리카락을 찾기도 하지. 과학 수사 요원이 사용하는 과학 수사 방법 중에는 크로마토그래피를 이용하는 것도 있어.

▶ 글씨를 발견했을 때

잉크에 섞여 있는 색소의 종류는 잉크를 만드는 회사마다 달라. 그래서 범죄 현장에서 발견된 글씨에서 잉크를 긁어낸 다음 크로마토그래피로 분석하면, 글씨를 쓸 때 사용한 펜의 종류를 알아낼 수 있어.

▶ 머리카락을 발견했을 때

머리카락은 사람이 흡수한 물질을 이용해서 자라. 그래서 머리카락에는 사람이 흡수한 물질이 섞여 있지. 범죄 현장에서 발견된 머리카락을 용매에 녹인 다음 크로마토그래피로 분석하면 머리카락 주인이 담배를 피우는지, 어떤 약을 먹었는지 등 다양한 정보를 알 수 있어.

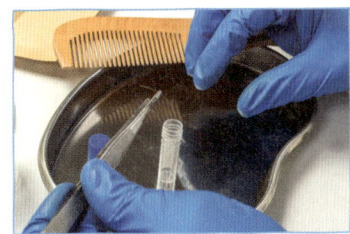

▶ 혈액 자국을 발견했을 때

사람마다 혈액에 들어 있는 단백질이라는 물질의 종류가 달라. 범죄 현장에서 발견한 혈액을 긁어내 크로마토그래피로 단백질을 분석하면 어떤 사람의 혈액인지, 혈액형은 무엇인지 등의 정보를 알 수 있어.

- 장하다의 오답을 피하는 방법
- 나선애의 야무진 실험실
- 왕수재의 아는 척 과학교실
- 허영심의 별 헤는 밤
- 곽두기의 빅뱅 따라잡기

COMMENTS

- 과학 수사라니 정말 멋지다.
  - 나도 과학 수사 요원이 되고 싶어!
  - 그러려면 과학을 꽤 잘해야 할 텐데······.
  - 앞으로 열심히 하면 되지 뭐.

가로세로 퀴즈

혼합물의 분리에 관한 가로세로 퀴즈야. 빈칸을 채워 봐.
띄어쓰기는 무시해도 돼.

가로 열쇠

① 혼합물에 섞여 있는 물질 중 우리가 원하는 물질을 제외한 나머지 물질들을 통틀어서 일컫는 말
② 액체의 표면과 속 모두에서 액체가 기체로 변하는 현상
③ 바다에 기름이 퍼지는 것을 막기 위해 설치하는 울타리
④ 줄기에 단맛이 나는 물질이 들어 있고, 열대 지방에서 자라는 풀
⑤ 물체를 만드는 재료
⑥ 운동선수가 금지된 약을 먹거나 주사를 맞았는지를 검사하는 것
⑦ 어떤 물질이 일정한 온도에서 용매 100g에 최대로 녹을 수 있는 양
⑧ 원유를 분리할 때 끓지 않고 남은 찌꺼기로, 도로를 포장하는 데 사용하는 물질

세로 열쇠

① 여러 가지 물질이 골고루 섞여 있지 않은 혼합물
② 액체가 끓는 동안 일정하게 유지되는 온도
③ 불순물을 제거한 물
④ 물에 녹기 쉬운 성질
⑤ 고약한 냄새가 나고 물에 잘 녹으며, 오줌에도 들어 있는 물질
⑥ 물질의 부피를 모두 같게 했을 때의 질량
⑦ 용해가 일어날 때 다른 물질을 녹이는 물질

●정답은 115쪽에

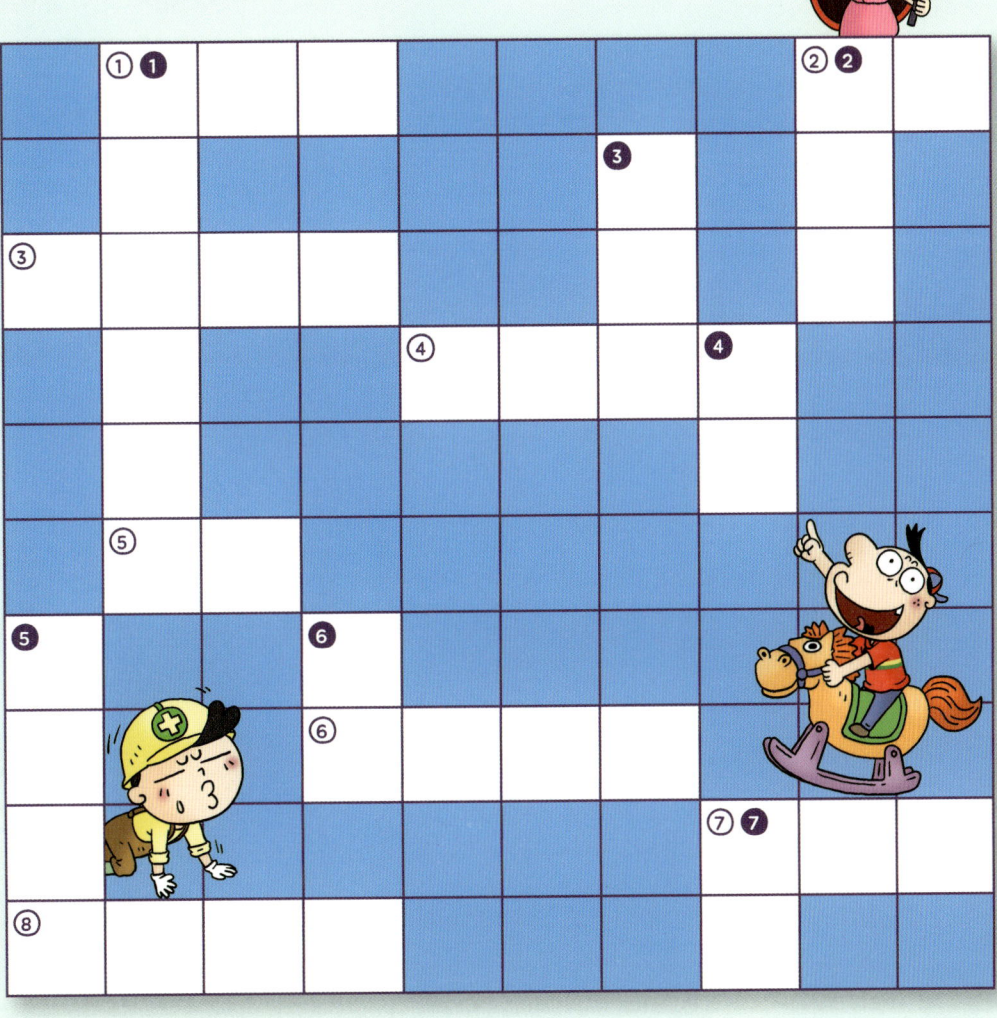

용선생의 시끌벅적 과학교실 111

교과서 속으로

교과서에서는 어떻게 배울까?

초등 4학년 1학기 과학 | 혼합물의 분리

혼합물이란 무엇일까?

- **혼합물**
  - 두 가지 이상의 물질이 성질이 변하지 않은 채 서로 섞여 있는 것
  - 미숫가루 물, 나박김치, 바닷물, 재활용품이 섞여 있는 쓰레기 등

- **혼합물을 분리하면 좋은 점**
  - 원하는 물질을 얻을 수 있다.
  - 이렇게 얻은 물질을 우리 생활의 필요한 곳에 이용할 수 있다.

 아무것도 섞여 있지 않은 물질은 순물질이라고 해.

초등 4학년 1학기 과학 | 혼합물의 분리

콩, 쌀, 좁쌀의 혼합물은 어떻게 분리할까?

- **크기 차이를 이용한 분리**
  - 체를 사용하면 크기가 다른 알갱이들이 섞인 혼합물을 쉽게 분리할 수 있다.

- **크기 차이를 이용한 분리의 예**
  - 마스크는 공기에서 먼지를 분리해 주는 도구이다.
  - 공기 청정기는 집안 공기에서 먼지를 없애 주는 도구이다.

 체는 종류에 따라 눈의 크기가 다양해.

교과서랑 똑같네!

중 2학년 과학 | 물질의 특성

용해도 차이를 이용한 분리

- **거름**
  - 거름종이를 사용해 물에 녹는 물질과 녹지 않는 물질을 분리하는 방법
- **추출**
  - 혼합물에서 일부 물질만을 녹이는 용매를 사용해 혼합물을 분리하는 방법

 물에 녹지 않은 물질은 거름종이를 빠져나갈 수 없어!

중 2학년 과학 | 물질의 특성

크로마토그래피를 이용한 분리

- **크로마토그래피**
  - 혼합물을 이루는 각 물질들이 용매를 따라 이동하는 빠르기가 다른 점을 이용해 혼합물을 분리하는 방법
- **크로마토그래피를 이용하여 혼합물을 분리하는 예**
  - 수성 사인펜 잉크의 색소를 분리한다.
  - 운동선수가 금지된 약을 먹거나 주사를 맞았는지 검사한다.
  - 채소에 농약이 남아 있는지 확인한다.

 병원에서 하는 혈액 검사도 크로마토그래피를 이용해!

찾아보기

가열 68-72, 76
거름 86, 89
거름 장치 85-86, 105
거름종이 85-86, 90, 97-98, 100-102
고체 54, 68-69
공기 청정기 42
균일 혼합물 20
끓는점 68-69, 72-74, 76, 81
끓음 67-68
기체 41, 67, 71, 73, 76, 80-81, 88
농약 104-105
눈 39-41, 43
도핑 검사 102-103
마스크 41-42
무게 51-52
물질 13-17, 19-20, 22-25, 35, 51-53, 55, 68, 74, 76-77, 85-86, 88, 90, 101, 104-105, 109
밀도 51-58, 61, 72
볍씨 54, 56
부피 51, 53, 56-57
분별 깔때기 58-59
불균일 혼합물 20-21
불순물 21-22, 46, 81, 86
사탕수수 22
산소 41, 80-81, 89
색소 98-102, 108

생수 18-21
석유 76, 91
설탕 14, 16, 22-24
세균 19
수성 97, 99
수증기 69-71, 75
순물질 16, 22
스포이트 59-60
식용유 68
아르곤 80-81
아스팔트 76-77
알긴산 나트륨 17
알루미늄 14, 16, 23-24, 32-33, 35, 38
암모니아 88-89
암석 14, 21, 23
에탄올 68, 72-73, 76
액체 54-55, 58-59, 67-69, 71-73, 76, 81, 91
오일펜스 60-61
용매 88, 90-91, 101, 109
용해 88
용해도 88-90
원유 76-77
자석 34-37, 39
젖산 칼슘 17
증류수 22
질량 51, 53, 57

질소 41, 80-81, 89
천일염 86
체 39-43, 46
추출 90-91
콩기름 68, 90-91
크로마토그래피 101-102, 104-105, 108-109
필터 42, 46-47, 81
해수 담수화 75
헥세인 90-91

퀴즈 정답

1교시

01 ①X ②X ③O

02

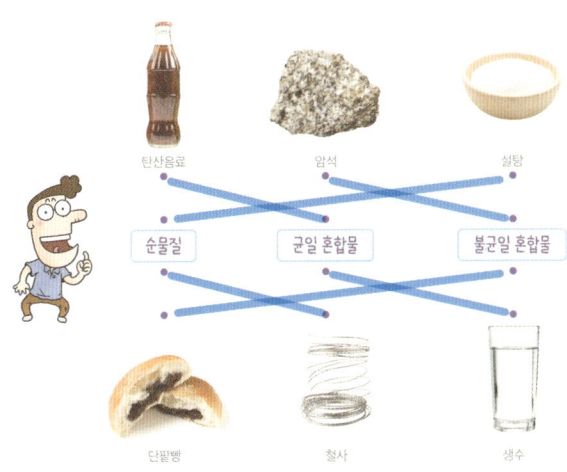

2교시

01 ①X ②O ③O

02 답 콩

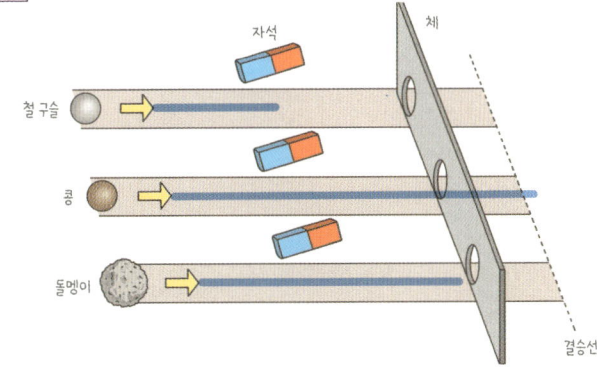

3교시

01 ① X   ② O   ③ O

02

> 밀도 차이를 이용해 고체 혼합물을 분리할 때에는 물과 같은 (**액체**)를 사용해. 사용하는 액체는 분리할 물질들을 (**녹이지**) 않아야 하고, 액체의 (**밀도**)는 분리할 두 물질의 (**중간**) 정도이어야 해.

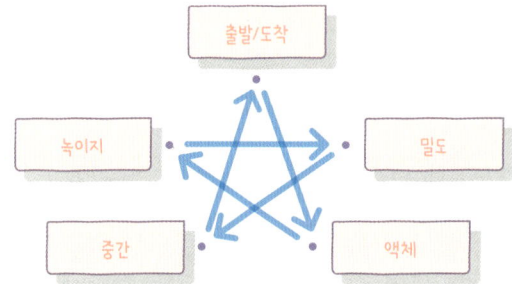

4교시

01 ① X   ② X   ③ O

02

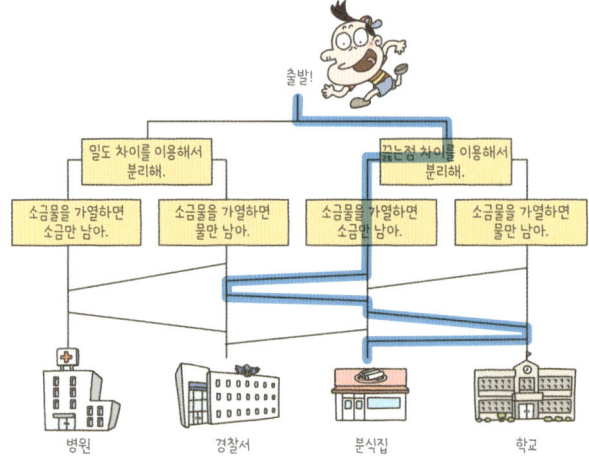

5교시

01 ① X   ② O   ③ X

02

> 보기
> ① 한 물질이 다른 물질에 녹아 골고루 섞이는 현상을 (용해)라고 해.
> ② 소금과 모래가 섞여 있는 혼합물은 (거름)으로 분리할 수 있어.
> ③ 헥세인을 사용해 콩에서 콩기름을 (추출)할 수 있어.

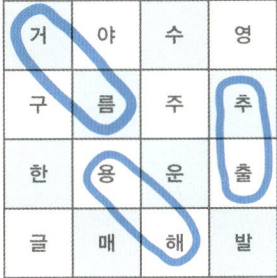

6교시

01 ① O   ② X   ③ X

02

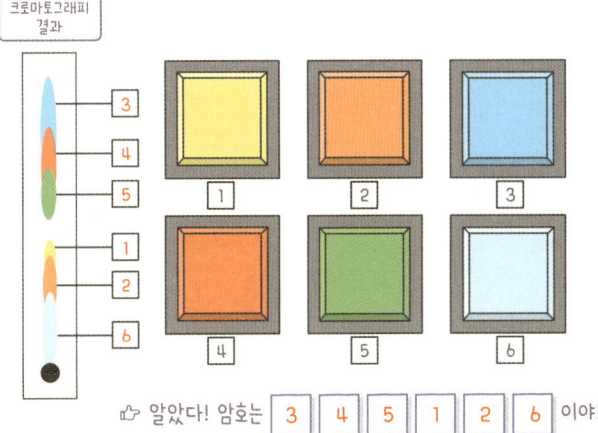

👍 알았다! 암호는 3 4 5 1 2 6 이야!

가로세로 퀴즈

	①❶불	순	물				②❷끓	음
	균				❸증		는	
③오	일	펜	스		류		점	
	혼			④사	탕	수	❹수	
	합						성	
	⑤물	질						
❺암			❻밀					
모			⑥도	핑	검	사		
니						⑦❼용	해	도
⑧아	스	팔	트			매		

일러두기
- 맞춤법과 띄어쓰기는 국립국어원에서 펴낸 《표준국어대사전》을 따랐습니다.
- 과학 용어 표기는 《2015 개정 교육과정에 따른 교과용도서 개발을 위한 편수자료Ⅲ 기초과학, 정보 편》을 따랐습니다.
- 이 책에 실린 사진은 저작권자로부터 사용 허가를 받았습니다. 저작권자와 접촉하기 위해 최선을 다했으나 불가피한 사정으로 사용 허가를 받지 못한 일부 사진에 대해서는 저작권자와 연락이 닿는 대로 게재 허락을 받고 사용료를 지불하겠습니다.
- 이 책에 실린 그림의 저작권은 별도의 표기가 없는 한 사회평론에 있습니다.

사진 제공
15쪽: 북앤포토 | 17쪽: 林阿君(wikimedia commons_CC4.0) | 19쪽: 북앤포토 | 20쪽: 북앤포토 | 22쪽: 북앤포토 | 33쪽: 북앤포토 | 35쪽: 북앤포토 | 38쪽: 북앤포토 | 40쪽: 북앤포토 | 44쪽: 북앤포토 | 48-49쪽: Ververidis Vasilis(셔터스톡) | 52쪽: 북앤포토 | 53쪽: 북앤포토 | 54쪽: 북앤포토 | 56쪽: 북앤포토 | 58쪽: 북앤포토 | 59쪽: 북앤포토 | 68쪽: 북앤포토 | 71쪽: 북앤포토 | 74쪽: 두산중공업 제공 | 85쪽: 북앤포토 | 86쪽: 북앤포토 | 98쪽: 북앤포토 | 99쪽: 북앤포토 | 그 외: 셔터스톡

용선생의 시끌벅적 과학교실 | 혼합물의 분리

1판 1쇄 발행	2022년 4월 26일
1판 4쇄 발행	2025년 1월 6일
글	윤용석
구성	김형진, 이명화, 설정민
그림	김인하, 뭉선생, 윤효식
감수	노석구
캐릭터	이우일
어린이사업본부	이승필
책임편집	이건혁
편집	정세민, 이명화, 홍지예, 김미화, 최예리, 윤성진
마케팅	윤영채, 정하연, 안은지, 박찬수
경영지원본부	나연희, 주광근, 오민정, 정민희, 김수아, 김승현
아트디렉터	강찬규
디자인	가필드
사진	북앤포토
펴낸이	윤철호
펴낸곳	(주)사회평론
전화	02-326-1182
팩스	02-326-1626
주소	03993 서울시 마포구 월드컵북로6길 56 사평빌딩
출판등록	1993년 10월 6일 제 10-876호

© 사회평론, 2022

ISBN 979-11-6273-221-2 73400

- 이 책 내용의 일부나 전부를 다시 사용하려면 저작권자와 사회평론의 동의를 받아야 합니다.
- 잘못 만들어진 책은 바꾸어 드립니다.

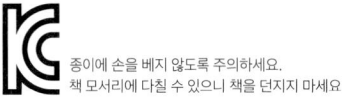
종이에 손을 베지 않도록 주의하세요.
책 모서리에 다칠 수 있으니 책을 던지지 마세요.